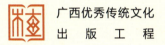

广西优秀传统文化
出版工程

"考古广西"丛书

古运河的
变迁

左菲悦　著

扫码获取更多资源

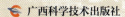

广西科学技术出版社

·南宁·

图书在版编目（CIP）数据

古运河的变迁 / 左菲悦著 . -- 南宁：广西科学技术出版社，2024. 12. --（"考古广西"丛书）.
ISBN 978-7-5551-2338-5

Ⅰ. K928.42

中国国家版本馆 CIP 数据核字第 2024GRT022 号

古运河的变迁

左菲悦　著

出版人：岑　刚	装帧设计：刘瑞锋　阳玳玮　韦娇林
项目统筹：罗煜涛	排版制作：张原海
项目协调：何杏华	责任校对：郑松慧
责任编辑：韦秋梅　张　珂　盘美辰	责任印制：陆　弟

出版发行：广西科学技术出版社

社　　址：广西南宁市东葛路 66 号

邮政编码：530023

网　　址：http://www.gxkjs.com

印　　制：广西民族印刷包装集团有限公司

开　　本：889 mm × 1240 mm　　1/32

印　　张：5

字　　数：108 千字

版　　次：2024 年 12 月第 1 版

印　　次：2024 年 12 月第 1 次印刷

书　　号：ISBN 978-7-5551-2338-5

定　　价：32.00 元

质量服务承诺：如发现缺页、错页、倒装等印装质量问题，可联系本社调换。

服务电话：0771-5871817

总 序

　　在中国辽阔的南方边陲，广西这片被自然与人文双重雕琢的神奇土地，自古以来便是中华民族多元文化的交流、交往和交融之地。它不仅是中华民族多元文化璀璨共融的见证者，更是文化的建设者和传承者。这里，山川秀美，草木葳蕤，河流纵横，众多民族在这里和谐共融、安居乐业，留下的丰厚历史文化遗产，成为中华文明不可或缺的一抹亮丽底色。

　　在古老而又充满活力的八桂大地上，有无数珍贵的文化遗产。它们或隐藏于幽深的洞穴，或散布于辽阔的田野，或依偎在蜿蜒而过的河边，或深藏于繁华的闹市……这些宝贵的文化遗产，是社会发展轨迹和文明进程的缩影。它们不仅见证了广西悠久而辉煌的历史，而且还蕴含着古人的智慧和精神，是我们根系过去、枝连现在、启迪未来的重要财富，更是我们文化自信的重要来源。

　　站在新的历史起点上，文化自信被赋予新的时代内涵和历史使命。党的二十大报告指出，要坚守中华文化立场，提炼展

总序

示中华文明的精神标识和文化精髓，加快构建中国话语和中国叙事体系，讲好中国故事、传播好中国声音，展现可信、可爱、可敬的中国形象。党的十八大以来，习近平总书记三次深入广西考察调研并发表重要讲话，充分体现了以习近平同志为核心的党中央对广西工作的高度重视和对八桂各族人民的深切关怀。2017年4月19日，习近平总书记在广西考察的第一站，就是合浦县汉代文化博物馆。习近平总书记在考察中指出，中华民族历史悠久，中华文明源远流长，中华文化博大精深，一个博物馆就是一所大学校。要加强文物保护和利用，加强历史研究和传承，使中华优秀传统文化不断发扬光大。广西优秀传统文化是中华文明宝库中的璀璨明珠，深受中华文化的滋养，同时又展现出鲜明的地方特色。广西优越的地理位置赋予了其独特的地位和重要的历史定位。自秦代以来，灵渠、海上丝绸之路的开通，使广西成为"北上中原，南下南洋"的交通要道。广西利用自身的地理位置优势承接了国家对外经济文化交流的重任，同时形成了独具特色的地方传统文化。广泛分布且各呈异彩的不同时代的文化遗产，承载着灿烂文明，成为今天见证历史，服务国家、民族发展大略，服务经济社会发展，凝聚民族团结之力，提升民族自信心的重要载体。

文化自信是一个国家、一个民族发展中最基本、最深沉、最持久的力量。2020年9月28日，习近平总书记在十九届中央政治局第二十三次集体学习时的讲话指出，"考古发现展示了中华文明的灿烂成就。我国考古发现的重大成就充分说明，我国在新石器时代、青铜器时代、铁器时代等各个时代的古代文

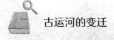

明发展成就上都走在世界前列，我国先民在培育农作物、驯化野生动物、寻医问药、观天文察地理、制造工具、创立文字、发现和发明科技、建设村落、营造都市、建构和治理国家、创造和发展文化艺术等各个领域都取得了令人赞叹的成就。这些重大成就展示了中华民族开拓创新、与时俱进、自强不息的进取精神，是蕴涵着丰富知识、智慧、艺术的无尽宝藏，是坚定文化自信的重要源泉"。广西自古以来便是多元文化共融的热土，其丰富的文化遗产是中华优秀传统文化的重要组成部分。为贯彻落实党的二十大精神和习近平文化思想，实施中华优秀传统文化传承发展工程，传承地方文脉，凝聚思想共识，增强文化自信，广西壮族自治区党委宣传部指导策划，广西出版传媒集团组织广西科学技术出版社编创团队编辑出版"考古广西"丛书。

"考古广西"丛书作为"文化广西""非遗广西""自然广西"等丛书的延续和拓展，被列入广西优秀传统文化出版工程。该丛书共10个分册，以翔实的考古资料和多位考古专家多年的研究成果为基础，全面梳理广西的考古遗存，以通俗易懂的语言和大量宝贵的图片，展示广西从旧石器时代至明清时期的最新考古成果和文化遗存，具体包括史前洞穴遗址、贝丘遗址，秦汉时期的城址，唐宋时期的窑址，世界文化遗产花山岩画，明代的靖江王府与王陵，明清时期的边海防设施，以及各时期的墓葬等。丛书集专业性、科普性、趣味性、可读性于一体，深度融合考古学、历史学、地理学、人类学、民族学、社会学等多学科的内容，高度凝聚考古专家多年的研究成果和心

总序

血，深入解读广西文化遗存蕴藏的厚重历史，生动展现广西考古、广西文物的时代价值，向世界传播广西声音，展现广西文化魅力，让更多人了解和认识广西，进而增强民族自豪感和文化自信。

提升公众保护文化遗产的意识和素养，传承民族的记忆与文化的精髓，不仅是每一位出版人的初心与使命，更是时代赋予我们的神圣职责。"考古广西"丛书不仅是对广西考古工作成果通俗化的全面展示，而且也是向世界递出的一张亮丽名片，让世人的目光聚焦广西，感受这片土地独有的文化韵味与魅力，以此增强广西的文化自信，提升广西在国内外的知名度和影响力，为广西的文化建设和社会发展注入强劲动力。"考古广西"丛书的出版还是深化全民阅读活动、提升公众文化素养的重要举措。它鼓励更多人走进历史，了解文化，感受古人的智慧与汗水，从而在心灵深处产生共鸣与回响，激发全社会对传统文化的兴趣与热爱。通过这一窗口，广西得以向世界讲述中国故事，展现中华文化的博大精深与独特魅力，促进不同文明之间的交流与互鉴。

"考古广西"丛书寻根探源，传承文化精髓。新征程上，我们以书为媒，共赴考古之约，让宝贵的文化遗产在新时代熠熠生辉，助力民族文脉薪火相传，为中华民族伟大复兴贡献文化力量。

丛书主编　林强

2024 年 9 月

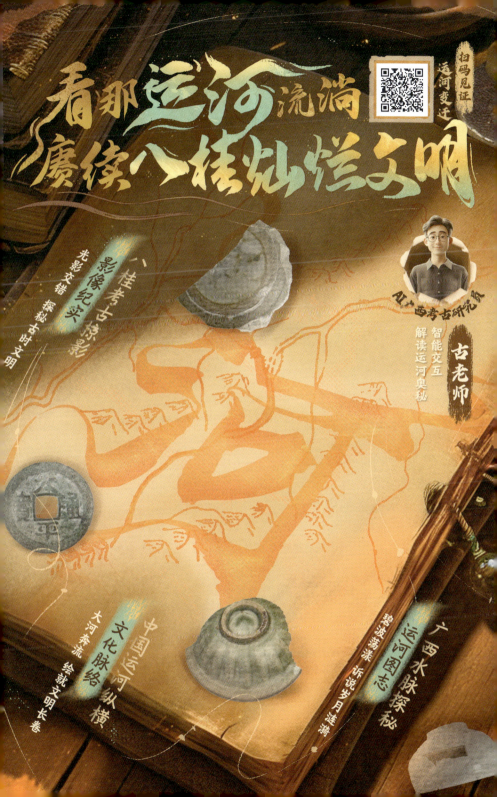

目 录

扫码获取更多资源

综述：溯寻广西古运河

　　水是生命的源泉，而河流是文明发源的摇篮，它们孕育出了无数辉煌璀璨的历史篇章。翻开人类的历史卷轴，我们不难发现，那些早期的文明都是依河而生、傍水而繁，如我们熟知的四大古国文明与河流就有着密不可分的关系。河流不仅提供了生命所需的水源，也是农业、交通、经济和文化发展的重要基础。大家耳熟能详的大禹治水故事，可以说是一部古代传说版的"人与水的大冒险"，展现了我们的祖先与水之间的"智慧较量"。从对抗洪水到与水和谐相处的转变，蕴含着祖先们的无尽智慧，在治水的过程中，中华民族铸就了坚韧不拔的民族性格，变得更加团结。

　　利用江河最理想的情况就是能够实现天然的运输和灌溉，或利用相对简单的工程、花费不多的人力就能实现运输和灌溉。而运河便是江河利用中人类智慧的结晶。运河仿佛是连接自然与人类的一把神奇的钥匙，我们紧握这把神奇的钥匙，开启一扇扇通往过去的大门，穿越时空，目睹文明的诞生与演变。在历史的长河中，古运河不仅是水流涌动的通道，更是文明传递的载体。它们宛如一条条生命动脉，滋养了沿岸的繁荣，创造了辉煌的历史。

　　广西，这片神奇的土地，河流密布如蜘蛛网。聪明的人们用运河巧妙地将它们连接起来，织成了一张庞大的"水路网"。广西拥有多条古运河——灵渠、桂柳运河及北部湾运河体系（潭蓬运河、西坑运河和皇帝沟运河）。这些古运河犹如璀璨的珠链，将我国中原地区与广西，以及东南亚地区乃至更广阔的世界串联在一起。河流变成便捷的水上通道，解决了交通难题。南来北往的人们乘船而来，他们在船上交换着货物、交流着故事和不同的文化。因此，广西的经济更加繁荣，文化也如彩虹般多彩，各族人民紧密地交融在一起。

八桂大地的神奇、中国文化的璀璨以及祖先们的智慧都让我们充满自豪，这就是文化自信的强大力量。无论历史多么久远，珍宝的光芒永远不会黯淡。沿河溯源，我们即将踏上古运河的探索之旅，见证时代的变迁。

首先是赫赫有名的灵渠。灵渠，古称秦凿渠、零渠、陡河、兴安运河、湘桂运河，是中国古代人民创造的一项伟大工程，是世界上最古老的运河之一。1988 年，灵渠由国务院核定公布为第三批全国重点文物保护单位。2006 年、2012 年灵渠两次被列入中国世界文化遗产预备名单。2018 年灵渠被国际灌溉排水委员会列入世界灌溉工程遗产名录，成为广西首个世界灌溉工程遗产项目。2021 年，灵渠被评为第四批国家水情教育基地……一项又一项的荣誉，印证着这条千年古渠的历史意义和文化价值。我们对它的最初印象，可能是在历史教科书上，知道它位于桂林市兴安县内。但书上的简短描述怎能尽显它的非凡与独特，幸运的是，考古学和历史学为我们揭开了它的神秘面纱。灵渠这个水利工程堪称古代水利技术的杰出代表，连

ICID·CIID
INTERNATIONAL COMMISSION ON IRRIGATION AND DRAINAGE

Lingqu Canal

Located in Xing'an County of the Guangxi Zhuang
Autonomous Region, China,
is hereby included in the

ICID Register of
World Heritage Irrigation Structures

as an exquisite illustration of Chinese technical and engineering capabilities
to develop a cross-basin water conservancy project connecting the Yangtze
and the Pearl River Basins for both and irrigation and
water transportation more than 2200 years ago, helping the economic and
social development of rural areas.

Eng. Bong Hoon Lee
Vice President Hon.&
Chairman, Panel of Judges

Eng. A. B. Pandya
Secretary General

Eng. Felix Britz Reinders
President

Presented at: 69th International Executive Council (IEC) Meeting
Saskatoon, Canada, August 2018

灵渠被列入世界灌溉工程遗产名录（引自郑连第、刘建新《灵渠》）

综述：溯寻广西古运河

通长江水系和珠江水系，将湘江源头与漓江源头相连，打通了南北的水上通道。它的开凿打破了五岭的屏障，为秦朝统一岭南提供了重要保障，不仅促进了中原地区和岭南地区经济文化的交流，还促进了民族的融合。而灵渠自秦朝监禄开凿以来，2000多年过去了，纵使王朝更迭，但其主体工程依旧完好地延续至今，被称为"世界古代水利建筑明珠"。它是祖先留给我们的宝贵遗产，向我们诉说着流淌千年的故事。这颗"明珠"伴城而生，嵌入兴安百姓的日常生活之中，滋养了这一方沃土。如今，灵渠不仅仍然发挥着水利功能，还承载着游客们的期待，让海内外游客有机会一睹千年水利奇观。"北有长城，南有灵渠"，郭沫若先生对灵渠盛赞有加。时至今日，灵渠仍在灌溉、旅游等方面发挥着重要作用。

广西有句话，"北有灵渠，南有陡河"，这陡河说的就是另外一条重要的古运河——桂柳运河。这条运河古时称为"相思埭"，建于武则天长寿元年（692年），至今已有1300多年的历史，因位于桂林临桂的相思江而得名"相思埭"。它借鉴了灵渠的多项水利技术，沟通漓江与洛清江，成为连通西南地区的便捷水道。灵渠连通湘漓水系，相思埭连通桂柳水系，二者就像桂林的"双子星"，一个在南，一个在北，因此人们也称它们为"南渠"和"北渠"。在灵渠的盛名之下，相思埭的光彩没有那么耀眼，如今这条河道现已很难辨认出人工开凿的痕迹，但它在古代却有着重要地位。桂柳运河大大缩短了中原地区经桂北进入桂中、桂西及西南三省的水路路程，在促进岭南与西南地区的经济文化交流和民族融合方面发挥了重要作用。

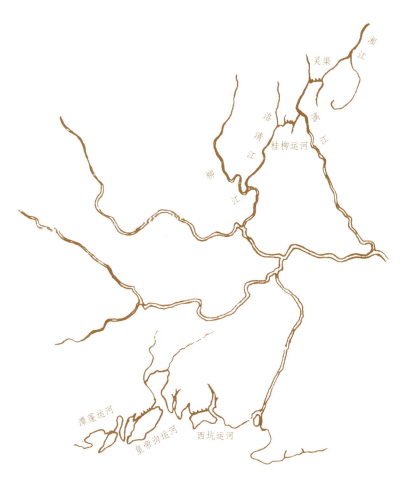

灵渠

湘江

漓江

桂柳运河

柳江

洛清江

漓江

潭蓬运河

皇帝沟运河

西坑运河

广西古运河分布示意图

综述：溯寻广西古运河

北部湾运河体系由潭蓬运河、西坑运河、皇帝沟运河等组成。它们像一串项链围绕着北部湾的海岸线。潭蓬运河位于防城港市江山半岛，被誉为"中国古代唯一的一条海上运河"。该运河未借助江河等水道，完全由人工开凿，直接连通两端海湾。西坑运河位于钦州市钦南区西坑村，东北方向连接大风江，西南方向连接大灶江，在充分利用原有自然河道的情况下，开挖山体连通两江，实现通过水路运输货物的目的。皇帝沟运河位于防城港市企沙半岛的最狭窄处，东口接尖山江入龙门海，西口在沙港村东南部的统熙围连接风流岭江湾。这几条运河大多是在唐代被人们一点点挖凿出来的。它们就像北部湾的快速通道，将江河与大海紧紧相连，使得船只能够直接从内地驶向海洋，去探索那未知的广阔天地。古人的海洋梦想，正是有了这些运河，才能更顺利地从北部湾扬帆起航，驶向更远的地方。尽管历史上对这几条运河的记载并不详尽，但它们作为守护唐朝南部边疆的"功臣"，确保了国家的安全和边防的稳固，这份功劳如同金子般熠熠生辉，永远不会被时间埋没。

广西，群山环抱，以独特的喀斯特地貌和连绵起伏的山脉而闻名。在这片土地上，山峰耸立，山谷深邃，山路崎岖。然而，那些技艺高超的工匠们，就像魔法师一样，将这些"难题"转化为与东南亚地区交流的渠道。他们用灵巧的双手，巧妙地将广西的高山与流水结成最好的"朋友"。在他们的努力下，广西与世界连接，也变得更加美丽、强大。如今，站在八桂大地上，我们既能感受到山的雄伟，又能享受到水的温柔。它们手牵手，共同绘制出一幅最美的画卷，让人过目难忘。

现在，就让我们一起用心灵去触摸那些古老的运河，去感受它们所承载的厚重历史与璀璨文化。当我们沿着运河的堤岸缓缓行走，仿佛能听到古时候船工的号子声，能看到商贾云集的繁华景象。这些运河不仅是连接南北的水上通道，更是文化交流的纽带。它们见证了无数的悲欢离合，承载了无数的梦想与希望。

　　在灵渠，我们可以感受到秦始皇的雄心与智慧。它不仅仅是一项水利工程的奇迹，更是中华民族统一与融合的象征。它的每一滴水，都蕴含着历史的深度和文化的广度。在这里，我们可以闭上眼睛，让心灵去感受那股从古至今流淌不息的力量，感受那份跨越时空的坚持与勇气。

灵渠

　　　　　　　　综述：溯寻广西古运河

在桂柳运河，我们可以感受到唐代的繁荣与交流。它不仅是一条运河，更是一段历史的见证。如今，它已不再承担航运的重任，只是静静地流淌，滋养着这片土地，诉说着过往的辉煌。在这里，我们可以放慢脚步，聆听水声，感受那份历史的厚重，体会那份文化的传承。

在北部湾运河体系，我们仿佛可以触摸到唐朝的海洋梦想。它们不仅是连接江河与大海的桥梁，更是连接中国与世界的纽带。这些运河见证了古人的勇敢和智慧。它们的存在，让我们更加自豪地认识到，中华民族自古以来就是一个勇于探索、勇于创新的民族。在这里，我们凝视着波光粼粼的水面，想象着古时候的船队扬帆起航，去探索未知的世界。

在广西这片神奇的土地上，每一条古运河都是一段历史的见证，都是一段文化的传承。它们不仅承载着过去，也连接着未来。让我们一同踏上这场穿越时空的文明探索之旅，去感受广西古运河的魅力，去聆听那些被岁月尘封的故事。在这段旅程中，我们不仅能够领略到广西的壮丽风光，还能深刻体会中华民族坚韧不拔、勇于创新的精神。这不仅是一次旅行，也是一次心灵的洗礼、一次历史的对话、一次文化的体验。让我们带着敬畏之心，去发现、去感受、去传承。

扫码获取更多资源

灵渠:
四海归一的密码

灵渠，一条承载着历史与未来的运河，是中国古代水利工程的杰作，也是连接南北水系的纽带，被誉为"世界古代水利建筑明珠"。时光流转，抚今追昔。今日，我们乘一叶扁舟，穿梭于灵渠的碧波之上，仿佛能听到历史的回声。渠水涓涓流淌，不仅见证了古代人民的智慧与勤劳，也映照出现代文明的发展与变迁。我们探索灵渠流淌千年的奥秘，寻找那些被时光雕刻的故事，感受传承文明的力量。灵渠不仅是一项水利工程，更是一座历史悠久的博物馆，讲述着从古至今的传奇故事。

灵渠鸟瞰全景图（引自郑连第、刘建新《灵渠》）

灵渠有灵，兴旺安定。2000多年前，千古一帝秦始皇为成就功业，下令开凿了与长城齐名的灵渠，而灵渠就此见证了一位帝王的雄心与梦想。

　　灵渠，古称秦凿渠、零渠、陡河、兴安运河、湘桂运河，位于广西桂林市兴安县境内，被誉为"世界古代水利建筑明珠"。灵渠始建于秦代，是与都江堰、郑国渠齐名的中国古代三大水利工程之一，也是目前世界上现存最古老的人工运河之一。1963年，郭沫若先生游览灵渠，赋词《满江红·灵渠》，将灵渠与长城相提并论，称赞灵渠"与长城南北相呼应，同为世界之奇观"。从此，便有了"北有长城，南有灵渠"的说法。

　　2000多年前，灵渠所在的这片土地，群山环抱，与世隔绝，一定程度上可以说是远离中原的"蛮荒之地"，却因何成为中国古代南部边疆连接中原的关键点呢？现在看来，灵渠的选址是非常考究的。选择在兴安县开凿，一个很重要的原因就是这里水资源丰富，是天然的水源宝库，长江水系的湘江和珠江水系的漓江这两条河流汇集于此，却又南北相背而行，为灵渠的诞生创造了得天独厚的条件。另一个原因是，兴安县处于湘桂走廊的低谷地带，但地势相比其他地方较高，能够使兴安县东面的湘江源头海洋河自然地由南向北流，西面的漓江源头大溶江由北向南流，两江水势自然向南北相反方向流动，大大减少了施工阻力。在这种客观的地理环境之下，秦选择在这里修建灵渠，可谓满足了"地利"的条件。而灵渠的修建，也打破了五岭隔绝的格局，加快了岭南地区的发展。

　　五岭虽有障，一渠连湘漓。浮舟越岭行千里，碧水悠悠万

物生。开凿灵渠的初衷，是征战时方便输送战备物资。灵渠连通湘江和漓江，联系长江与珠江两大水系，直至 2000 多年后还在造福苍生、泽被大地。在历史的长河中，灵渠不仅是护国定边的屏障、经贸往来的动脉、文化交流的桥梁、农业灌溉的源泉，更是泱泱大国千年竞渡、长风破浪的见证。

灵渠位置示意图（引自刘仲桂、刘建新、蒋官员等《灵渠》）

灵渠：四海归一的密码

修灵渠以统岭南

◆▶◀◆

众所周知，春秋战国末期，十多个国家和政权在历经不计其数的混战之后，秦王嬴政以破竹之势，用短短 10 年时间实现了大一统。但秦始皇的雄才大略不止于两周旧疆。他要统治的不仅仅是已知的领土，还有更广阔的天下。秦始皇统一六国后，将目光转向了南边的百越地区。据《史记·白起王翦列传》中"秦因乘胜略定荆地城邑……竟平荆地为郡县。因南征百越之君"的相关记载，百越之地是在秦灭掉楚之后进入秦始皇的视野。

《淮南子·人间训》中记载："又利越之犀角、象齿、翡翠、珠玑，乃使尉屠睢发卒五十万，为五军，一军塞镡城之岭，一军守九疑〔嶷〕之塞，一军处番禺之都，一军守南野之界，一军结余干之水。"秦始皇统一六国后，一声令下，几十万大军挥师南下，拉开秦越之战的序幕。秦军兵分五路进军百越，有的驻守在关卡要塞，有的推进至百越腹地。秦越之战，一开始是秦军占很大的优势。互不统属、力量分散的百越地区各部族一时间难以抵抗人数众多、装备精良的秦军。但后来，秦军损兵折将近 30 万人，主将屠睢更是出师未捷身先死。这场历时数年的战争，可以说是秦统一六国之后开疆扩土战争中最艰难激烈的一仗。

秦军入岭南的五条通道或许早已为百越各部族所知。仔细研究史书中出现的"塞""守""处""结"等动词在古文中的含义，均为驻守之意，意在暗示秦军把守五条关键要道，为下一步的军事计划做准备。秦国的五路军队，其中两路进攻西瓯部族（主要分布于今广西），一路由萌渚岭入今贺州，一路经越城岭入今桂林，这样的进军路线有利于在遇到大敌时合兵进攻。但在那个时代，岭南之地是一片充满未知和挑战的土地，这里山川险峻、森林茂密，连绵起伏的丘陵使习惯了平原作战的秦军无法发挥原有的作战水平。而岭南各部族非常熟悉高山密林、河谷交错的复杂地形，善于跋山涉水展开反击，秦军难以抵挡他们这样猝不及防的进攻，加上粮草供给困难，一时进退两难，两方陷入了相持的状态，这种对峙局面持续了 3 年。

当时一部分秦军已经越过了五岭，驻扎了下来。宋代周去非在《岭外代答》一书的"古迹"中就记录了"秦城遗址"，他推测这个具有城垣、城门等遗迹的城址，就是当年秦军的驻扎地。在"不解甲驰弩"的 3 年中，秦军一边防御当地部族的攻击，一边修城备战。在这期间就发生了"监禄无以转饷"的尴尬局面。所谓"兵马未动，粮草先行"，士兵们的伙食是行军作战中的头等大事，要如何化解这一危机呢？"以卒凿渠而通粮道"的记载为我们道出了秦军当时的解决方案。当时的秦军分析发现，粮草等补给受阻的主要原因在于山脉的阻挡，山路崎

灵渠：四海归一的密码

秦城遗址——通济城

古运河的变迁

灵渠：四海归一的密码

岖，大军无法顺利地进入。如果要在粮草运输中减少人力物力，最简单的办法就是通过水路运输。经过不懈考察，秦军发现湘江和漓江两条大江都有支流发源于兴安境内，如果将两条江连通起来，粮草就可以顺流而下，大批运入战地。修凿灵渠的计划也就正式开始了。虽然两条河流并没有相连，但是它们相距不远，当时的秦军掌握了先进的水利工程技术，发挥"逢山开路遇水搭桥"的作战优势，士兵们通过开挖河道，沟通了湘江、漓江，打通了南北水上通道，大批粮草经水路运往岭南。从此，秦军有了充足的物资供应。而这条河道，就是今天被誉为"世界古代水利建筑明珠"的灵渠。

屠睢与禄是否真有其人？

◆▶◁◆

　　说到修建灵渠，那就不得不提到两位重要人物——尉屠睢和监禄。他们的事迹主要见于文献《淮南子》和《史记》中，尤其以《淮南子》的记载较为详细。虽然看似有文献记载，但是仅有的只言片语又使得他们的生平事迹变得扑朔迷离，好在有考古实物的出土，他们的身份才得到了印证。正因如此，也说明秦朝开凿灵渠是真实存在的历史事件。

　　屠睢的印章于 1962 年在陕西咸阳出土，印文为"徒唯"，文字呈明显的秦篆风格，就是当时秦朝所用字体的样式。可能有人会好奇，怎么印章上的名字不是"屠睢"呢？那是因为早期文字并没有定型，许多字在使用过程中还有变换。随着历史学家的深入研究，"徒唯"就是《淮南子》中记载的"屠睢"这一猜测也变得越来越可信。那么印章又怎么会出现在千里之外的陕西呢？这是因为屠睢在征战百越的过程中，遭到百越各部族的强硬抵抗，尤其是在"桀骏"为将后，其凭借对地形的熟悉，采用夜战的策略，对秦军造成重大打击，屠睢遭遇不测，战死沙场。刻有"徒唯"字样的印章是其私印，按照秦朝的制

灵渠：四海归一的密码

度，官吏的私印要送回当时的都城咸阳销毁，所以这枚印章最后在陕西被发现。这枚印章为我们提供了一些屠睢的信息。顺着"徒唯"的线索，在张家山汉墓出土的《奏谳书》中找到了相同的身影。通过对竹简上的信息进行解读可以发现，秦始皇二十七至二十八年（公元前220—前219年），屠睢曾在苍梧郡任郡尉，对苍梧进行管理。这与《淮南子》《史记》中所记载的身份相吻合，印证了屠睢的身份就是一郡之郡尉。

禄在史书中存在的痕迹就更少了，仿佛是渺小的沧海一粟。人们只知道灵渠是禄开凿的，但其他信息却知之甚少。虽然明代欧大任所著《百越先贤志》中说禄是越人，为咸阳赘婿，但是明代与秦代相隔甚远，也没有其他更多的资料予以支撑，仅此一说。好在岳麓书院所藏秦简8-1516号简中保留了一些有关"禄"的信息。这枚简中记载的"禄"在出任郡监之前任迁陵县守，迁陵县是当时秦军军事行动的后方，负责为向岭南地区进军的秦军提供物资转运和人员调集等保障。禄在此地任职一年有余，比较熟悉当地情况。如果这两个"禄"是同一个人，那么可能是因为管理事务井井有条，禄不久之后就升迁了，成为我们所知的"监禄"。禄对地方事务的熟悉和其越人的身份，为其开凿灵渠奠定了良好的前期基础，成为开凿灵渠不可或缺的重要条件。

灵巧精密的渠道设计

◆▶◀◆

南宋诗人范成大曾用"治水巧妙，无如灵渠者"来盛赞灵渠构思之巧妙。灵渠之所以备受瞩目，不仅因为它是克服复杂的地质结构，完成了浩大工程量而建成的，还因为其选址合理、设计精巧。灵渠设计的系统性、科学性与合理性，得到了古往今来无数对灵渠工程进行考察的专家学者的认同。

想象一下，秦朝的水利工程师们站在这片土地上，他们用敏锐的目光审视着地形，用智慧的头脑规划着水路。他们知道，如果想让灵渠发挥出最大的作用，就必须巧妙地利用自然的力量。于是，他们设计出了一套精妙绝伦的水路系统，让水流在这片土地上自由地穿梭。聪明的工程师在上游位置找到了高于始安水的深潭，就是后来所称的分水塘，在这里建一座高出水面 1.5 米的滚水坝，就可以把湘江的水引入南渠中，连通湘漓二江。

灵渠是一套精心设计的水利系统，由天平坝（大天平、小天平）、铧嘴、陡门、南渠、北渠、泄水天平、秦堤、水涵、堰坝、桥梁等工程设施组成。灵渠可分为渠首、南渠和北渠三大

灵渠：四海归一的密码

部分。渠首以拦河坝抬高水位，与铧嘴配合，分水入南渠和北渠，分别与漓江和湘江沟通，实现通航。拦河坝又称天平坝，分为大天平（长约340米）和小天平（长约130米），坝顶有一道分水石堤——铧嘴（长约170米）。南渠全长33.15千米，自分水塘入口南陡至漓江上游的大溶江，是一条跨流域引水线路；北渠全长3.25千米，自分水塘入口北陡蜿蜒流淌在湘江右岸的河滩上，最后回归湘江。灵渠整条航道长约37千米。

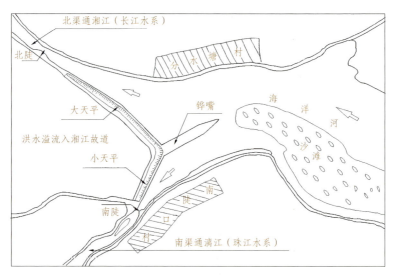

灵渠渠首平面示意图（引自郑连第、刘建新《灵渠》）

◆ 渠首核心工程

渠首是灵渠的核心部分，它相当于人的大脑，负责指挥水流的分配，主要由大天平、小天平、铧嘴、秦堤（南陡、北陡）等部分组成。它们互相关联，共同构成了灵渠这一复杂而高效的水利系统。大天平、小天平是整个渠首的核心部分，靠近湘江的是大天平，靠近漓江的是小天平。它们就像是两兄弟，手拉手站在那儿，把水流分开，让水能顺利地流进南渠和北渠。大小天平站成"人"字形，这个姿势不仅看起来很稳固，而且很科学，能更好地分散水流的力量，使坝体能够历经千年而不废。

大天平、小天平分流的比例约为 7∶3，俗称三七分水，三分水到漓江，七分水到湘江。为什么要设计三七分水呢？这是因为北渠宽、南渠窄，按照这个比例分水，南北二渠都可以保持水深 1.5 米左右，适合通航。天平坝巧妙的设计，使得灵渠不需要借助人工管理，就能自动保持南北两渠的安全流量。

大天平、小天平近景

灵渠：四海归一的密码

"人"字形大天平、小天平（引自郑连第、刘建新《灵渠》）

天平坝石堤顶部略低于湘江两岸，出现洪水时，水可以漫过石堤，排入湘江故道，排走多余的洪水，保证大坝主体的安全。天平坝作为拦河坝，不仅调节了水流，还通过其结构的设计，减轻水流对坝体的冲击，确保了工程的稳定性。

天平坝的坝体设计也很有特点。坝底的基础是用长约 2 米的松木打成排桩，竖立于水中。1986 年对灵渠进行维修时，曾从坝底发掘出一根松木，现存放于灵渠四贤祠中。松木就像现代修高楼的钢筋一样，起着稳定抗压的作用。加上松木有松脂油，能防止地下水和细菌的腐蚀，所以泡在水里可以长年不腐，民间也有"水泡万年松"的说法。干燥的松木吸水后体积会膨胀，将其用于水下打桩，膨胀的体积会把木桩之间松软的土体挤压密实，从而令坝基稳固。

坝体是由巨型长条石横砌，用大块石灰岩砌筑而成，砌石体最大高度为 2.24 米。古人用了一种特别的方法固定这些石头，就是在石头相接的地方凿出燕尾槽，用铁码子把它们紧紧地扣在一起。铁码子是本地人的习惯叫法，考古术语中称为腰铁，也称铁锭、燕尾。在灵渠博物院内展出的清代铁码子，上面布满了斑驳密集的气孔，见证了坚固大坝的艰辛。2022 年在对被洪水冲毁的局部大天平、小天平坝体进行考古调查时，也出土了一块铁码子。这次考古调查证实，现在看到的大天平、小天平坝体大部分为清代所修。灵渠的大天平、小天平是整个广西唯一一处发现使用铁码子遗迹的水利工程。

坝面是用一块块长条石堆砌而成的台阶状及鱼鳞石护面，因此灵渠的坝体又被称为"鱼鳞坝"。水流经过凹凸不平的鱼

坝体上的燕尾槽（陈兴华供图）

腰铁（铁码子）

灵渠：四海归一的密码

鱼鳞石

水流经过鱼鳞石

 古运河的变迁

鳞石表面，形成了一种翻滚的运动状态，这样一来，水流不仅减缓了流速，还减轻了对坝体的冲击力。更加奇妙的是，水中携带的一些泥沙会随着水流翻滚落入不平的鱼鳞石中，加上水的反作用力，石块之间反而连接得更为紧密。这也是在古代整个大坝没有钢筋水泥等现代建筑材料的加持还能越来越坚固的原理所在。

　　沿着天平坝向上走，会看到一个长约170米、高约2米，由石头砌成的建筑，仿佛是天平坝的护身符，它就是铧嘴。铧嘴是灵渠的分水工程，形如农田耕种使用的犁铧，因此而得名。它的位置在拦河大坝的上游，也就是水流过来的第一个关口，配合实现了"湘七漓三"的分配比例。铧嘴作为导水堤，其设计巧妙地利用了地形和水势，通过锐角分流减少了水流对天平坝的直接冲击，提高了水利工程的稳定性和效率。从空中俯瞰，铧嘴像一把巨剑，从黄金角度将河水分流，这样水流冲到天平坝上的力量就会小很多。在铧嘴之上，有分水亭，亭中立有清

铧嘴

灵渠：四海归一的密码

代查淳手迹——"湘漓分派"，这就像是一个工作说明，告诉人们铧嘴的作用。当人们站在铧嘴之上远眺，秀丽的景色浮现在眼前，江水与山色交相辉映，难怪古往今来游经此处的文人墨客都要留下赞美的诗篇。

湘漓分派碑

南陡和北陡可以说是南渠和北渠的大门，负责调整两个渠道的水流量。海洋河的水长流不断，有天平坝和铧嘴这两位"分水员"在帮忙，水流充足时南陡和北陡大开着，好像暂时没什么特别的作用。但枯水期水流不能满足两个渠道通航的需求时，南陡和北陡就变得非常重要了。可以通过灵活地开关这两扇"大门"来调整水位，关闭北陡，南渠水位上升；反之，关闭南陡，北渠水位上升，

"天下第一陡"——南陡

这样船只就可顺利进出南北渠，整条灵渠的航道在干旱季节也能保持畅通。另外，在修渠或清淤时，南陡和北陡还能起到挡水的作用。

◆ 一江分流南北渠

灵渠的渠道分为南渠和北渠，渠道总长约 37 千米。其中，南渠较长，地理环境和地质条件复杂；北渠较短，地理环境和地质条件相对简单。南渠主要负责将水引入漓江，而北渠则将大部分水回流至湘江，两者的分流作用对于调节区域水文条件至关重要。

先来说说南渠的修建，主要是为了解决分水塘的水进入漓江的问题。南渠可以分为三部分。

第一部分是完全由人工开凿的渠道。该渠道从南陡到始安水（今三里桥），全长约 4 千米，是整个工程最为关键的部分。正是由于这部分的开凿，漓江得以向北延伸，从而实现湘漓二江的连通。此地原有太史庙山等一系列南北走向的土岭挡住渠水西行的路线，秦人凿山开路，让渠水穿山而过，与向西南流的始安水汇合。那时候没有挖掘机，全靠人们的双手和简单的工具进行修建，可以说是个大工程。也许大家会疑惑，既然难度这么大，为什么没有选择在此处修建分水坝？如果选择在这一地段筑坝，虽然距离较短，但是湘江水位较低，河面开阔，势必要把湘江的堤坝修筑得很高、很长、很大，开辟分水岭的工程则更为艰巨。所以秦人经过全面考察，没有选择此处，而是选择在分水塘处建设大天平、小天平。

灵渠：四海归一的密码

第二部分为半人工渠道，从始安水开始到清水河（今灵山庙处）段。秦人在修建南渠时没有选择完全重新挖一条新的河道，而是利用了现有的自然河道，在需要的地方加以修整和拓宽，减少了人力的消耗，以最小的成本取得最大的成效。

第三部分为自清水河往下的部分，基本上就是自然河道了，灵渠在最后的灵河口与大溶江相汇注入漓江。秦人只是稍微做了些修整，就能让水更顺畅地流过。这段路程也是一派好风光，两岸桃红柳绿，江水清澈悠远。

秦堤是南渠第一段人工修砌的堤坝，它紧靠湘江。由于渠水的外渗和侵蚀，堤坝渗漏的概率很大，修造堤坝常有决堤的风险，因此这个堤坝修得有点儿费劲，一不留神就可能被水冲

南渠灵河口

垮。秦堤附近有一块巨石，民间至今还流传着关于"飞来石"和"三将军"的传说。

　　相传，在开凿灵渠时，有三位杰出的石匠，分别姓张、刘、李。他们结义为兄弟，承担了艰巨的凿石建堤任务。他们技艺高超，不畏艰难险阻，为灵渠的修建付出了巨大的努力。然而，每当堤岸快修好时，一只名为猪婆精的妖怪就会跑出来捣乱，用它庞大的身躯将堤岸拱倒，给修建工作带来了极大的困难。猪婆精的连番破坏，导致工期延误，张石匠和刘石匠相继因未能按时完成修建任务而被朝廷问责处置。不仅两个工匠接连被杀，洪水还冲垮了下游无数的房屋，毁坏了大片农田，造成大量家庭家破人亡。这样的情况惊动了云游此处的神仙，在

飞来石

灵渠：四海归一的密码

一个雷雨交加的夜里，神仙从四川峨眉山移来了一块巨大的石头，将猪婆精镇压在石头下。后来，在李石匠的努力下，堤坝终于修成，朝廷赐下封赏，但李石匠还沉浸在两位兄长因修建灵渠而牺牲的悲痛中，拒绝了朝廷的封官赐爵，选择自刎以表达对兄长们的敬意和怀念。人们为感念三位石匠的功绩，就尊称他们为"三将军"，还在灵渠边给他们立起了墓碑，纪念他们的事迹。他们的故事也成为灵渠这一古老水利工程不可分割的一部分。

再来说说北渠，北渠穿行于兴安的沃野平原之间，航道却开凿成弯弯曲曲的S形。若把现在的北渠由曲线拉直，则头尾距离仅2千米，那为什么古人要把北渠修得迂回曲折呢？这是因为修筑天平坝后，分水塘附近的湘江水位升高了，如果直线

三将军墓

开凿北渠，渠道虽变短，但水流湍急，不利于行船。加上河流的下切作用强烈，不断冲刷河床，湘江水就会沿着北渠直泻，铧嘴的分水作用会逐渐减弱直至最后消失。渠陡流急，也容易冲毁两岸渠堤。因此，聪明的古人就想到设计弯弯曲曲的渠道，从而达到降低坡降比的目的，这样水流速度就会慢一些，不仅能达到适合航行的流速，还能保护河岸不被冲坏。就好比我们开车，如果路是笔直的，一不小心就可能开得太快，但如果路上有几个弯，自然就得减速，会变得更安全。

灵渠的行船还面临一个问题，那就是桂北地区有旱季和雨季，那么如何在旱季水量较小的情况下保证船只不搁浅呢？这就要说到陡门了。灵渠上的陡门，可以说是古代版的船闸，设计得非常巧妙，灵渠是世界上较早使用船闸（陡门）的运河之一。所谓陡门，一般是在渠道浅窄、水流湍急的位置，修建形状如月亮的半圆形设施，称为"陡盘"。两个"陡盘"隔渠相望，"陡盘"上立有一根石柱，名为"将军柱"，上面刻有"陡门"字样，可以用来系船。利用塞陡工具，包括陡杠、杩槎、陡编、陡簟等物品，以塞陡阻水的方式控制水位差，船只就可以在不同水位的渠道间顺利通行。

船只逆流而上的时候，陡门的作用最明显。行船过陡后，把船拴在将军柱上，然后关闭陡门，依次放下小陡杠、底杠和面杠，再搭上杩槎、水拼和陡簟。在陡簟等的阻挡之下，渠水积蓄升高，水涨船高，达到一定高度后，船就可以继续行驶了。陡门的设计顺利解决了水位落差的问题，一年四季无论水量多少，都能保证船只正常通航。灵渠最多时有 36 座陡门。

灵渠：四海归一的密码

北渠弯道示意图（引自郑连第、刘建新《灵渠》）

古运河的变迁

灵渠：四海归一的密码

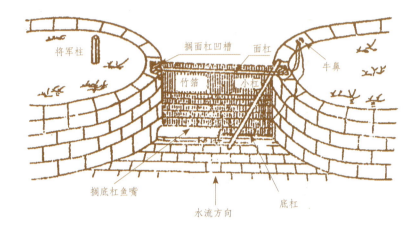

陡门示意图（引自郑连第、刘建新《灵渠》）

如果发生很大的洪水，连大天平、小天平都应付不过来，这时候就需要泄水天平来帮忙了。如果天平坝不能及时排泄，流入南渠的水量增加，会给堤岸和县城造成严重的威胁，为此，智慧的古人设计了泄水天平，担负起排洪的任务。在南北渠的不同渠段都有泄水天平。南渠有泄水天平、马嘶桥泄水天平和黄龙堤；北渠有回龙堤。水位过高时，泄水天平可以调节水位，控制渠道内的水量，防止洪水泛滥，保护周边农田和居民区。另外，在泄水天平旁铺设有石板，便于行人往来。无论旱季与涝季，泄水天平都能发挥作用。还有那湘江故道，也在其中扮演了泄洪道的角色。

陡门复原场景

陡门

将军柱

灵渠：四海归一的密码

泄水天平远景

泄水天平近景

 古运河的变迁

湘江故道泄水

由此看来，灵渠的建造的确是巧夺天工。工程师们在设计的时候，把怎么利用地形、水怎么流、怎么行船等问题都考虑得清清楚楚。这个工程真是人类智慧与大自然结合的杰作，更是古人对自然地理环境深刻理解的一个证明。它是古人留给我们的一份宝贵遗产，让我们看到了他们对环境的尊重和利用，以及面对自然挑战时的智慧和勇气。

灵渠：四海归一的密码

岭南历史的新篇章

◆ ▶◀ ◆

    灵渠的凿通，使得秦军的粮草能够顺利补给，"楼船之士"也能够顺渠道而行，深入进军岭南地区。秦始皇三十三年（公元前214年），设立桂林、南海、象三郡，岭南地区正式纳入秦朝版图，岭南地区的历史也翻开了全新的一页。

◆ 统一天下促融合

    灵渠的开通，成就了秦朝的统一大业，大幅拓展了当时中国的陆海疆域，管理疆域远超前代。秦设立岭南三郡，使岭南地区民族包括今天的壮族、瑶族、苗族、侗族、仫佬族、毛南族、京族等进入了中华民族大家庭的怀抱，形成了中国多民族国家的雏形，奠定了中国版图的基本格局，从而改写了中国历史。

    此后，灵渠在维护国家统一方面发挥了重要作用，历朝历代在维护岭南地区社会稳定时派遣的军队将灵渠作为主要行军路线。历代王朝都十分重视灵渠，因为灵渠的通畅与否关系着南部边疆的稳定。它不仅是大军调拨的关键通道，也是确保粮草运输的生命线。

对灵渠的维修也是巩固国家统一、促进岭南开发的一种方式。纵观历史，灵渠至少有过 30 次大规模的维修。从最初主持开凿的监禄、汉代的马援到唐代的李渤、鱼孟威，都是历史上对灵渠维修有较大功绩的人，被后世称为"四贤"，人们还为他们修建了"四贤祠"。宋代的李师中、李忠辅、李浩和朱晞颜等相继维修灵渠，完善了灵渠的灌溉功能及沿线陡门等设施，使灵渠更加畅通。元代对灵渠维修的次数不多，规模最大的一次是元末广西道肃政廉访使也儿吉尼重修灵渠。明清两代是灵渠修浚的高峰期，明代除了制定"五年大修，三年小修"的规

史禄雕像

李渤雕像

马援雕像

鱼孟威雕像

灵渠：四海归一的密码

四贤祠

四贤祠内的碑刻

定，还有过 6 次大规模的维修。清代对灵渠的维修最为密集，一共有 15 次维修，几乎每位皇帝在位时，都对灵渠进行了维修。

为了确保灵渠的长久运作，明朝在灵渠沿线设立了一支特殊的队伍——陡军，专职管理和维护灵渠。陡军主要由季、颜、宿三个姓氏的家族成员组成，他们为了守护灵渠而在岸边落地生根。明万历年间梁梦雷在飞来石上留下的"砥柱石"三个大字，不仅形象地说明飞来石在灵渠中的重要作用，也让人联想到陡军及其后代对灵渠的坚守。正如砥柱石在激流中屹立不倒，陡军及其后代也在岁月的长河中始终坚守着自己的岗位，守护着灵渠的安宁和通畅。

砥柱石

灵渠：四海归一的密码

陡军季氏宗祠

　　灵渠的历史作用，不仅在于实现并维护国家统一，还在促进了民族融合方面也做出了重要贡献。秦朝是最先对岭南地区进行管理的，秦始皇为了稳固其在岭南地区的统治，除将郡县制运用到岭南的管理外，还实施了大规模"移民"政策。将逋亡人、赘婿、贾人等一批人"移民"至此，之后还将办事不力的官吏也派遣到岭南地区，可以说在秦朝就形成了由官方主导的一次"移民潮"。一大群来自不同的地区的人迁至岭南地区，开始了新的生活。

历史上有些官员因为犯了错误或不被皇帝喜欢而被派到远离政治中心的岭南地区，他们走水路经灵渠南下时留下了许多诗篇。唐代诗人胡曾写下："凿开山岭引湘波，上去昭回不较多。无限鹊临桥畔立，适来天道过天河。"把灵渠比作"天道"，架起岭南与中原之间交流的"鹊桥"，让不同地区和民族的人们能够更好地交流。此后，南宋诗人范成大、明代著名才子解缙等一批文人墨客相继来到这里，为岭南地区注入了文化的生机与活力。清乾隆年间，查礼在修渠的同时寻访湘漓之源，游历时留下多篇诗文。他铲除了飞来石上前人留下的"金渠"二字，刻上了题有自己名字的"灵渠"。

查礼刻字"灵渠"

灵渠：四海归一的密码

在灵渠的工程设施中，我们也能看到壮汉先民融合的缩影。陡门的"陡"字与古代乃至现在壮族"门"字的发音相似，内涵意义也一致。反映出壮族先民可能参与了陡门的修建，并将日常交流的语言融入了建筑物的称呼中，形成了"陡门"这样的称呼。南宋范成大观察到灵渠当时有36座陡门，并且说"土人但谓斗"，也就是说，在宋代，当地人称陡门为"斗门"。虽是十分微小的一个"陡（斗）"字，却体现了壮汉先民之间的融合，是双方融合过程中互助共勉、共同创造美好事物的证明。

经过历朝历代人员的不断往来交流，岭南地区成为各民族人民共同的家园。不同的族群与文化在这里不断碰撞、交流直至融合，形成了今天各民族和谐共处、多种文化异彩纷呈的繁荣局面。

◆ 航运之中话交流

灵渠是海上丝绸之路始发港合浦连接中原腹地的重要节点，见证了无数商贸往来和文化交流。灵渠沿线石马坪古墓群出土的文物，让这个海上丝绸之路中的枢纽获得实证。早在20世纪60年代，兴安石马坪古墓群就已经被列为自治区级文物保护单位，遗憾的是古墓群曾遭到严重损毁。直到20世纪80年代，广西文物工作队和兴安县文物管理所对古墓群进行了两次抢救性发掘，共清理了25座墓葬。2018年，还进行过数次抢救性发掘，共出土了500多件随葬品，其中大量为西汉到东汉晚期的陶器。考古专家把出土文物一点点拼凑起来，通过分析、推断，试图勾勒出一幅古代石马坪的生活画卷，让我们能够更直

石马坪古墓群出土的陶作坊

石马坪古墓群出土的双耳带盖铜鼎

灵渠：四海归一的密码

观地感受那个时代的气息。

在石马坪出土的陶器中，有两位特别引人注目的"外国朋友"——胡人俑，它们分别在1984年和2018年出土。这两个胡人俑长得很有特色：眼睛深邃、鼻子高挺、满脸络腮胡子，而且都是光着膀子、赤着脚。从造型上看，这两个胡人俑应该是当时的灯座。与胡人俑在同一地区出土的还有琉璃珠、玛瑙珠、水晶珠等。琉璃珠为原始玻璃材质，乍听到"玻璃"这个词，大家可能会觉得这是现代工业才有的东西。其实早在汉代，它就是一种珠宝，当时称为"流离"，也就是我们现在说的"琉璃"。

大家可能会好奇，地处内陆的灵渠的岸边怎么会出土胡人造型的陶俑和玻璃制品呢？这就要说到灵渠在古代水路运输中的重要性了。灵渠是古代海上丝绸之路的一个关键通道，连接了中国内陆和海外的贸易往来。世界上最早的玻璃制品，是在西亚地区和地中海东部出现的。石马坪汉墓里挖出的这些玻璃陪葬品，就是汉代商贾和西亚及地中海国家进行贸易时带回来的宝贝。在汉代，广西的合浦港是一个繁华的出海口。《汉书·地理志》中详细记载了从合浦港起航的航线，它穿越波涛，连接着一个个神秘而古老的国度——都元国、邑卢没国、谌离国……这些国家的具体位置，虽然在今天的历史研究中仍有争议，但它们无疑都位于东南亚，甚至位于南亚的海岸线上。中原地区要从合浦港出海，船只必须经过一系列复杂的水路：穿越秦岭的险峻，进入汉中的平原，跨过洞庭湖的波涛，沿着湘江逆流而上，经过灵渠这条古老的运河，通过湘桂走廊，顺着

石马坪古墓群出土的胡人俑

石马坪古墓群出土的琉璃玛瑙珠

灵渠：四海归一的密码

灵渠航道近景

南流江，最终进入北部湾，驶向东南亚和印度洋的辽阔海域。在灵渠沿线及合浦等地发现的汉代海外贸易珍贵遗存，拼凑出了一幅古代贸易的繁荣图景。可以想象，当时的船队满载着异域珍宝，从合浦港归来，经过灵渠进入中原地区。

今天，当我们在博物馆中望着那些古老的陶俑，仿佛能听到古代船队的帆声和海上波涛的低语，感受到那个时代的开放与繁荣。汉代的海上丝绸之路，不仅是一条贸易的通道，更是一条文化的纽带，将古代中国与世界相连。灵渠，是海上丝绸之路向内陆的延伸，为昔日繁荣的贸易盛况作出过重要贡献。

明清时期，越南使臣进京大多路过灵渠，不少越南使臣便留下了赞美灵渠的诗篇。这些诗篇中，有对灵渠工程精妙的称

赞，有对美景的抒怀，还有对灵渠两岸居民使用水车灌溉，将石灰石焚烧成灰撒入稻田，以此消灭害虫、改良土壤、促使农作物增收的科学方法。他们将这样的技术引回越南，促进了本国农业的发展。灵渠不仅在周边往来交流中发挥了友谊桥梁的作用，还将先进的农耕文化传播到国外，在交流之中促进了双方的融合，为人类文明的进步贡献了中国智慧。

◆ 灌溉农田利千秋

灵渠不仅是一项古老的工程，更是一个活着的农业发展传奇。灵渠的水流，诉说着一个简单而又深刻的道理：水，不仅是生命之源，更是社会繁荣的摇篮。灵渠开凿之后，不仅具有军事运输功能，更在几千年的岁月中，变成了灌溉农田的大能手。这项功能养育了一方水土，将桂北土地滋养成富庶的粮仓。从古至今，灵渠一直在发挥着它的灌溉功能，这是它历经千年仍然充满活力的秘诀。中国自古以来就是农业大国，农业一直受到历代统治者的重视。灌溉是灵渠的重要功能之一，使其成为桂北地区的一条生命线。

在对灵渠长期的利用过程中，其水利灌溉逐渐形成了系统性。最初的时候，从渠道中排出的水无意识地灌溉了渠边的农田。于是人们有样学样，简单地在灵渠边上扒开一些小洞，让水自然地流进田里。灵渠的水通过这些洞，慢慢地流向了县城北边和东边的两大块稻田。这两块稻田因得到灵渠的滋养而变得特别肥沃，种出的稻谷也特别香。人们把这些靠着灵渠水滋养的田地称为"渠田峒"，顾名思义是依靠灵渠水灌溉而形成的

灵渠：四海归一的密码

灵渠灌溉下的农田（引自郑连第、刘建新《灵渠》）

富庶田亩。渠田峒设有多处灌水涵洞，灌溉着分水塘、打渔村、花桥等一带的稻田，如今还能找到确切位置的有 10 处，其中南渠 7 处、北渠 3 处。这些涵洞的水都是自动流进稻田，是大自然和灵渠之间的一个默契，它们共同创造了这片肥沃的田地。渠田峒不仅是一片田地，更是灵渠自流灌溉的证明。

后来随着农田的大量开发，自流水已经不能满足稻田的灌溉，人们开始利用工具，将灵渠水引入田亩之中。这里就不得不说灵渠上的一项设施——堰坝。堰坝是河道上拦蓄水流的一种工程设施。堰坝与陡门在灵渠工程中可以说是兄弟关系，它

涵洞（水函）（引自郑连第、刘建新《灵渠》）

们最初的作用是拦水以提升水位、改善航道。据调查，1949 年前，灵渠上还保存着 31 座堰坝、181 架筒车，其中南渠就有 166 架筒车，灌溉了近 9000 亩的田地。鸾塘堰是灵渠中保存最完整、最原始的堰坝。作为灵渠沿线一座典型的集堰、坝、陡于一体的设施，它始建于清代后期，全长 96 米，全部采用青条石砌筑。河中的堰口，水流湍急，水花四溅，似陡非陡，充满了力量与美感。它既可以蓄水灌溉江西坪、小江背等多个自然村周边的大片良田，又可以确保南来北往的船只顺利通行。这种设计，既减少了施工成本，又最大限度地利用了设施的功能，体现了古代劳动人民的智慧和他们对自然的深刻理解。

鸾塘堰（阳著文供图）

灵渠：四海归一的密码

早在唐代，李渤修整灵渠之后，就与周边的百姓做了一个特别的约定：灵渠的水，白天用于保证船只的顺利航行，晚上用于浇灌农田。南宋周去非在《岭外代答》中写道："渠水绕迤兴安县，民田赖之。"相关记载中，我们经常能看到"民赖其利"这样的字眼，这四个字简洁又深刻地表达了人们对灵渠的依赖与感激。在明代，灵渠的灌溉作用被频繁提起，用"溉田万顷"来表达修浚灵渠后的效果。灵渠历史上最早出现涵洞的记录，就是在明代严震直的修渠记录中。严震直修渠时特别修整了24处灌田水函，用来蓄水灌田，引水入沟，方便农作。他在题诗中对修渠后的效果称赞"民田自此多沾溉，安享丰年乐有余"，特意说明了这次修浚后灵渠的灌溉作用巨大，使百姓能够乐享丰年。

　　清乾隆年间，两广总督杨应琚修渠后便有"河流宣畅，旱潦无忧；桔槔声闻，沃野千顷"的描写，意思是河流畅通无阻，旱季不用担心干旱，雨季不用担心洪水，有了灵渠的水，农田就能得到充足的灌溉。清代的灵渠沿线保留了许多关于灌溉水利支配的石碑，这些石碑或许不起眼，但它们身上刻着的，是清代人民对水资源利用和分配的深刻思考。历史无言，有石能语，清代保留下来的石碑记录了每一次修渠的故事，从清代初期范承勋到清代晚期陈凤楼的石碑记文，都镌刻了人们修渠的贡献。这些石碑上的文字，一遍又一遍地提到灵渠的灌溉能力。

　　"灵渠胜似银河水，流入人间灌稻粱。"历史学家翦伯赞的赞叹，不仅是对灵渠灌溉功能的赞美，更是对它千年不息生命力的颂歌。历经千年沧桑，灵渠依旧保持着它的活力，以一种

灌溉筒车（引自郑连第、刘建新《灵渠》）

灵渠：四海归一的密码

"活态遗产"的形式，向世人展示着古代水利工程的卓越智慧和不朽魅力。2018年8月，灵渠以其独特的历史价值和现实意义，成功列入世界灌溉工程遗产名录，成为广西首个"世界灌溉工程遗产"，这是对灵渠灌溉功能的最高褒奖。

　　渠水悠悠中，我们追寻先人的痕迹，探寻沟通湘漓二水的智慧，筑大坝于洪流之中，辟长渠于五岭之南。在舳舻熙攘之间，领略往来交流不息。灵渠之灵，是将滋养万物生灵的壮美，氤氲在这方土地之间。灵渠，就像一条温柔的绸带，静静地躺在中国的土地上，它不仅是中国水利技术史上的高水平代表，更是古代文明交流的见证者和参与者。今天，我们再次凝视灵渠时，仿佛穿越时空，回到了那个船来船往、人声鼎沸的年代，能从中感受历史深处的脉动，感受航运之中的热闹氛围，感受那份往来交流中的喜悦。盈盈一水依旧在渠道中流淌，这些文物遗产也在告诉我们，灵渠连接过去与现在，也将传递至未来。

桂柳运河：
桂北水运话相思

桂柳运河，古称相思埭，位于山水甲天下的桂林境内，开凿于武则天长寿元年（692 年），距今已有 1300 多年。它借鉴了灵渠的多项水利技术，连通漓江与洛清江，成为连通西南地区的便捷水道。尽管现在已经基本失去了运河的作用，但在历史中留下的那一抹惊艳，依然值得我们回味。

遗憾的是，曾经的繁荣和那些掩映在荒草和残垣下的历史片段逐渐被遗忘，1300 多年的历史积淀，运河之水仿佛饱含着向世人诉说的渴望。古老的相思埭，亟待人们的探寻让其重生……

几乎被遗忘的唐代运河

◆▶◀◆

  在动荡的隋末，中原大地和岭南地区都饱受战火的摧残，社会一片混乱。然而，随着唐朝的建立，以山川地形划分天下的管理体系得以确立，岭南地区被划分为岭南道，成为唐朝版图的一部分。唐高祖李渊为了稳定岭南局势，派遣了一位杰出的将领——李靖，前往桂州（现桂林市）进行招抚。李靖以其卓越的军事才能和政治智慧，成功招抚了岭南地区的几大豪族，为唐朝在岭南地区的统治打下了基础。

  李靖渡岭而至，就是由灵渠一线进入桂州，在兴安县的城台岭上，至今还保留着当年李靖筑临源城的遗迹。桂州的地理位置极为重要，"南临天池，东枕沧溟，西驰牂牁，北走洞庭"，是一个战略要地。李靖便以临源县（治所在今桂林市兴安县）为战略起点，逐渐将经营重心转移至桂州，这一决策具有长远的军事战略考量。唐武德七年（624年），改桂州总管府为桂州都督府，成为桂北政治、军事要地，桂州城也得到了积极的营建。

  然而，唐朝在岭南沿用隋朝的羁縻制度。这种制度下，岭

南在政治上仍隶属于中央王朝，但在一定程度上，中央王朝承认了民族地区的地方自治权，并任用当地的酋长、首领为地方官吏。这种制度虽然在一定程度上维护了地方的稳定，但也埋下了中央与地方矛盾的种子。后来中央王朝的统治逐步深入岭南地区，中央与地方之间的矛盾日益尖锐。

据《资治通鉴》所载，自唐武德六年至龙朔三年（623—663 年），中央王朝与岭南地区爆发了数次摩擦。特别是柳江流域，左侧有九万大山、凤凰山、大明山，一直以来是当地民族的聚居区域，仅依靠柳江一条水运，万一交通受阻，中央王朝在此地的管理就会受到直接影响。如果发生动乱，可能存在无法及时解决的情况，会直接威胁地区的安定。

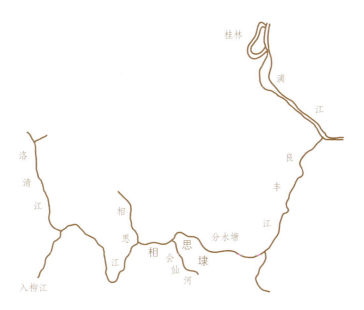

桂柳运河（相思埭）示意图

桂柳运河：桂北水运话相思

桂柳运河

古运河的变迁

桂柳运河：桂北水运话相思

唐朝军队深入岭南和秦朝用兵岭南一样，最大的问题还是后勤补给。若要因地制宜、就地取食解决粮饷问题，从当时岭南地区的生产力来看，显然是不现实的。据史料记载，南朝刘宋时始安郡下辖有 7 个县，总共只有 3800 多户人家，人口也不过 22000 多人。偌大的一个桂林地区人丁稀少到如此程度，经济落后的凋敝景象可想而知。连政治中心都是如此，何况更南、更西边的今广西其他地区，状况显然更加不堪。在这样的情况下，唐朝积极兴修水利，加强对岭南地区水道的利用，主要是为了通过水运构建便利的交通网络体系，对岭南地区的稳定和发展起到积极作用。桂柳运河在一定程度上是统治者对灵渠做出的水路交通网络的拓展。

　　由于岭南地区自身的生产力有限，唐朝军队的粮草军饷等战略物资不得不从较远的地区如江西、湖南等地调运，这些地区能够提供充足的物资支持。但是当时可以参考的运输路线并不多，得益于秦始皇时期打下的基础，以及东汉时期马援对灵渠的重修，唐朝的军队已经能够熟练地利用这些古代的水利工程来运输物资。大部队可以沿着湘江自北向南逆流而上，通过灵渠，再顺着漓江、桂江往东南方向前进。这条路线在唐代已经相当成熟，物资运输起来相对容易。然而，当目标是更西边的桂西地区，甚至是云南、贵州一带时，情况就变得复杂了。这些地区地形崎岖，交通不便，加之远离唐朝的统治中心，物资运输的难度大大增加。当时的唐朝军队面临地形不熟、交通不便的困境，给军事行动带来了不小的挑战。虽然有桂林与桂西南沟通的横向交通线，将桂林和柳州通过水路联系了起来，

桂柳运河局部渠道

但是路线迂回曲折，长达 500 多千米。为了减少其中的曲折，桂柳运河便应运而生了。

桂柳运河，这个平实的名字背后，在唐代有一个富含感情色彩的名字——"相思埭"。这个名字最早出现在《新唐书·地理志》中，虽然只是寥寥数语，却透露出了它的历史渊源："(临桂) 有相思埭，长寿元年筑，分相思水东西流。"这一年是公元 692 年，即武则天统治下的长寿元年。这一年，武则天因为重新长出牙齿，认为这是返老还童的吉兆，于是改年号为"长

桂柳运河：桂北水运话相思

寿"。万象更新，许多新政策也随之出台，"相思埭"就诞生在这个充满希望和变化的年份中。

至于为什么取名为"相思埭"，这背后可能有几层含义。可能与所在地相思江（或称相思水）有关，以地为名。或许是皇河在相思埭的分水坝建成后，被一分为二，各自向东西方奔流，就像一对被迫分离的恋人，永远无法再相见。这种形象的分离，也许正是"相思"二字的由来。但也有研究者认为相思埭所处位置与西南边疆紧密联系，既有人们盼望回归中华大家庭的眷念之情，又有突出加强对西南统一形势之意，相思埭的命名则被赋予了更为深刻的内涵。相思埭不仅是一个水利工程，更是一个承载着政治与文化交融的象征。王维有诗云："红豆生南国，春来发几枝。愿君多采撷，此物最相思。"无独有偶，相思埭又何尝不是藏于南国之中、水波荡漾之间的一股难以言说的相思之情，是广西最浪漫的一条运河。而《辞源》对"埭"字的解释是："用土堵水称埭，即土坝，古时在河流水浅不利行船处，筑一土坝堵水，中留航道，两岸竖立转轴，船过时，船头系一粗绳连接转轴，再用人或牛推动转轴，将船牵引过去。"可见唐代以"埭"命名运河时，已经有土坝堵水，就是后来分水塘的雏形。

在新版的《临桂县志》中，我们发现了一段关于桂柳运河的有趣记载。相思埭开通后，连接了柳江上游支流洛清江和漓江，将桂州（今桂林）与柳州之间的水路路程缩减到150千米左右。而且，这一路都是顺流而下，如果再来个顺风的话，按照唐代对水运管理的规定，顺流可以日行一百里（1里 ≈

500 米）。原本一千里的水路，运河修建之后缩短为三百里，三四天就能到了，这在那个年代多少有点"千里桂柳三日还"的感觉。相思埭可以说是古代的水上"高速公路"了，大大缩短了桂柳两地的距离。船行在运河中，两岸山势起伏，感受着顺风顺水的畅快，大有"轻舟已过万重山"之势。

相思埭自武则天长寿年间开筑，直到清雍正年间，一直充当着我国西南国防交通要道的角色。雍正年间的两广总督杨应琚在《修复陡河碑记》称："渠之介临桂者，是为南渠。源出卧石山，至相思埭亦分为二：一东注漓江，一西合白石水入右江，亦各有陡门，名东西陡河。此桂林、柳庆之脉络也。"强调相思埭为桂林、柳州间的重要通道。杨应琚做出如此评价，说明相思埭的重要性一点都不比灵渠小。

在清代，相思埭经历了数次大规模修缮，主要由当时的广西巡抚金鉷和督察云贵广西的鄂尔泰共同推动。大规模修缮不仅改善了当地的水利设施，还极大地促进了农业的发展。根据鄂尔泰在《重修桂林府东西二陡河记》中的记载可知，通过他任上的修缮，两渠（灵渠和相思埭）共灌溉了数万亩农田。清乾隆二十年（1755 年），两广总督杨应琚再次疏浚灵渠与相思埭，发展商旅贸易，加大了灵渠、相思埭的货物吞吐量，使广西的水路交通更加通畅，也巩固了两渠在农业灌溉中的重要作用，使数千亩农田受益。

自唐代扛起历史的重任，桂柳运河历经了无数风雨，经历了历朝历代的水运。历代的统治者都对这条运河进行了修整和维护，以确保它的正常使用。随着时间的推移，民国以后，公

清代杨应琚重修陡河碑

路和铁路等新兴交通运输业逐渐发展起来，桂柳运河的运输功能逐渐削弱。时移世易，陆运悄然取代水运，这条曾经繁忙的运河慢慢淡出了人们的视线。

　　桂柳运河的名声不如灵渠那样响亮，古籍文献对它的记载也相对简略，但在荒郊野草之间，在广袤的田野之中，残存的陡门、闸口、桥梁和石刻依然在默默诉说着它曾经的繁荣与忙碌。这些遗迹，就像是沉默的讲述者，向我们展示着桂柳运河的过去，清晰地诉说着它曾经的辉煌。

人工凿石的痕迹

石堤上的燕尾槽

桂柳运河：桂北水运话相思

时过境迁，桂柳运河已不再辉煌，但古迹犹存。自清代的大规模修缮之后，桂柳运河至今没有再进行过系统性的修缮。现在河道两侧的堤岸损毁严重，导致水土流失，河床淤塞，再加上洪涝灾害，河道和堤岸遭受的破坏更大了。桂柳运河需要一次彻底的修缮和整治，才能重现昔日的风采。

幸运的是，桂林市雁山区良丰河及古桂柳运河生态保护修复工程目前正在施工建设中。该项目得到了国家和自治区相关部门的大力支持，项目建成后，将有效改善河道生态环境质量，增强河道防洪、蓄洪能力，提升周边农业生态环境条件，完善山水林田湖草生态保护修复功能，桂柳运河将以一种新的方式继续造福大众。

江河湖海连一线

◆▶◀

　　桂柳运河，位于今广西壮族自治区桂林市雁山区竹园村、社门岭村及临桂区会仙镇、四塘镇等地，全长约 15 千米。2017 年被公布为广西壮族自治区级文物保护单位。该运河将发源于会仙镇狮子岩等地的地下水，汇入分水塘后，在陡门村附近筑分水闸门，通过分水东闸和分水西闸使之东西分流。东陡在桂林市雁山区竹园村附近的蒋家坝流入相思江，通漓江，河道宽 5 米左右，最宽处 15 米，长约 9 千米；西陡在临桂区四塘镇大湾村委江岸村东北面 200 米汇入大湾河，至永福县流入洛清江，通柳江，河道宽 5~8 米，最宽处 20 米，长约 6 千米。为便于通船，特在渠内置多处陡（船闸，亦称埭、坝），以蓄水行舟。其基本原理是引水源、筑土坝，充分利用原有河溪，开凿少量人工渠道，将自然的东、西漫流变成人为控制的东、西陡河，设计精巧，功能强大。与灵渠相比，桂柳运河更多的是因地制宜，借助原有水道沟渠加以疏浚和开挖，因此河道看上去显得自然天成，人工痕迹很少。

　　桂柳运河的水流源头出自岩溶洞穴狮子岩。清代姚佐臣来

桂柳运河：桂北水运话相思

贯穿广西师范大学雁山校区的相思江（桂柳运河保存最完整的一段）

桂林上任，途经此地留有诗句盛赞该运河："狮子岩前水长流，南临山景逍遥游，龙王庙内钟鼓响，虎仔桥上望客舟。"狮子山下的溶洞深邃莫测，曲折蜿蜒，仿佛隐藏着无尽的秘密，难寻其终。走进洞内，仿佛步入了一个神奇世界，千岩竞秀、怪石嶙峋，有天然形成的石笋、石乳、石柱、石幔、石花等，令人目不暇接，宛若一座绝美的地下宫殿。这些石料的质地，无疑证实了狮子岩是一个典型的喀斯特地貌岩洞。而桂柳运河所流经地区多为裸露的石灰岩地貌，开凿时异常困难。清光绪版《临桂县志》记载："其间石梁漾涧曲折之势，较灵渠特甚，故费资人力亦倍之。"从中可以看出，桂柳运河的建造，付出的人力物力比灵渠更大。但正是这些辛勤的劳动，才使得桂柳运河成为利用地下水资源的水利工程典范。

古运河的变迁

桂柳运河分水塘门及东闸文物保护单位标志

桂柳运河东陡河道

桂柳运河：桂北水运话相思

桂柳运河西陡河道

在狮子岩这个桂柳运河的水源处，流传着一个传说。相传，当地村民的先祖挖分水塘时挖出了一只石狮子，在狗仔塘挖出了玉麒麟，而巧的是狮子岩和麒麟山正好在这两个水塘附近。更有传说，从当地走出去的清代名臣陈宏谋、李梅宾曾向皇帝进言，称他们的家乡有"钟鼓麒麟狮子"，八仙洞中出水岩，是一个有龙脉的宝地。于是，人们在麒麟山下挖塘蓄水，命名为狗仔塘。这些传说虽然真真假假、虚虚实实，但有些部分却能与桂柳运河的历史状况相对应。

所谓的"钟鼓麒麟狮子"对应的应该是麒麟山和狮子岩，而"钟鼓"，明代文献中有记载"由漓通铜鼓水"，铜鼓与钟鼓只有一字之差，有可能是在长期以来的口耳相传中略有更改。虽然桂柳运河始建于唐代，但是清代确实是修浚桂柳运河的高峰期。因此，有关陈宏谋和李梅宾的传说，很可能是后人将清代名人与桂柳运河的修浚联系起来，形成了这样一个富有传奇色彩的故事，也为桂柳运河的修建增添一抹神秘色彩。

桂柳运河流经我国最大的岩溶湿地——会仙湿地。会仙湿地被誉为"漓江之肾"，湿地内小岛屿星罗棋布，山水相映成趣，构成一幅风景优美的山水画卷。越城岭与海洋山之间的低谷被称为"湘桂走廊"，会仙湿地就位于这条著名的"湘桂走廊"之中。在这片曲径通幽的湿地里，小船是人们耕作、生活的主要交通工具。清晨，百舸争流；傍晚，轻舟徐回，"耕牛乘船上下班"更是湿地的一绝图景。田塘乔灌纵横交错，芦苇悠荡，流水潺潺，鸟语花香，水美鱼肥。船在水中游，人观两岸景，一派湖光山色、鸥鹭成群的秀丽风光。这是南国水乡独特的田园风光，形成了广西独一无二的"湿地"和"江南水乡"。

会仙，这个充满仙风道骨和意境的地名，背后的传说故事更让人神往。唐代莫休符的《桂林风土记》中记载："旧有群仙于此，辀轩羽驾，偏于碧空，竞日而去，里人聚观壮闻，因名会仙里。"意思是古时候有一群仙人聚集在此地，他们乘坐着华丽的羽驾，穿梭在碧蓝的天空之中，竞相展示着他们的仙术，直到日暮时分才离去，当地的居民目睹了这一壮观的场面，惊叹不已，于是将此地命名为"会仙里"，意为仙人聚会的地方，会仙镇也因此得名。传说不仅赋予了会仙镇一个神秘而浪漫的名字，还增添了一种"仙气飘飘"的气质。会仙镇的自然景观

桂柳运河：桂北水运话相思

会仙湿地公园

会仙湿地里的桂柳运河渠道

似乎也与这个传说相呼应。这里山清水秀，空气清新，让人感受到一种超脱尘世的宁静与和谐。山水之间，云雾缭绕，仿佛真的是仙人居住的地方。会仙镇集"山、水、田、园、林、沼、运"等景观要素于一体，以岩溶湿地之典型、山水景观之秀丽、历史文化之深厚而著称。周围的相思江（大湾河）、良丰河、睦洞湖等河流、湖泊和其他湿地水源有机地联系在一起，形成了自然景观和人文景观交相辉映的画面，具有极高的景观生态价值和旅游价值。

　　桂柳运河，这条古老的水上交通要道，就像桂北地区一条流动的经络，将这片喀斯特湿地的湖泊联系在一起。大小湖泊星罗棋布，纵横河汉密如蛛网，纵横交错的溪流串联起来，形成了一个复杂而又井然有序的运河系统。在这个系统中，还有一些精巧的设施，它们是运河不可或缺的部分。水塘，这个听起来简单的名字，实则承载着调节水位、分配水流的重要功能。桂柳运河用于蓄水、注水的水塘主要有分水塘和狗仔塘。陡门，与灵渠的陡门类型、功能、作用都相似。桥梁，是连接两岸的纽带，不仅方便两岸往来，同时也是运河上的点缀。

分水塘位于会仙镇陡门村附近，分水塘东北至西南长约200米，西北至东南长约100米，塘深约2米。塘的西南面砌有一道分水塘门堤坝，坝长30多米。狗仔塘宽约80米，长约150米，深约2米，位于分水塘西北方，其南边有水沟连接

分水塘

分水塘。分水塘之水通过分水塘闸门，流往陡河便分别往东西流，通过分水东闸和分水西闸。分水塘闸门由料石砌成，总长 73.4 米，宽 10.1 米，闸门宽 3.2 米，闸门口的料石中刻有槽。分水东闸位于分水塘门以东约 50 米处，保存完整。分水西闸紧邻龙王庙遗址，闸门宽 4.2 米，入水口宽 5.6 米，出水口宽 6.0 米，闸坎高（深）1.6 米、长 12 米。原北边陡坎上立有一石陡柱，刻着"分水东闸""皆乾隆二十年春月建"。这些文字记录了建筑的名称和建造时间，让我们窥见那个时代的历史风貌。

分水塘闸门近景

石陡柱

根据文献记载和考古调查，桂柳运河历史上一共有 24 个陡，以分水塘为中心，呈东西两段分布。东段包括分水东闸、蚂蟥陡、泥湖陡、鸦雀陡、平石陡、猫儿陡、周家陡、社公陡、新河陡、窑陡、门槛陡、牛尾陡、七星陡、桥陡、太平陡、脚陡，共 16 个陡；西段包括分水西闸、石狮闸、鲢鱼陡、鲢鱼脚

分水塘闸门远景

分水塘闸门上的刻槽

陡、高桥陡、磨房陡、黄泥陡、大湾陡，共8个陡。由于年久失修，目前保存完好或基本可辨原貌的陡仅有7个。

社公陡，位于雁山区社门岭，是桂柳运河留存最好、规模最大的一处陡，同时还记录着运河深厚的历史人文内涵。社公，是民间广泛崇拜的土地神，象征着地方的守护和安宁。社公陡

鲢鱼陡局部

鲢鱼脚陡

 古运河的变迁

的得名，传说是因为人们把杨令公，即北宋初名将杨业奉为社公。每年农历十月二十一日，当地人还会过令公节，纪念这位英雄人物。对历史比较熟悉的朋友可能会疑惑，为什么杨业会成为这里的社公呢？在历史上杨业确实并未踏足桂林，但他的孙子杨文广与狄青出征到过广西，并管理过宜州和邕州。后来杨文广被调遣别处，留下一部分官兵戍边、屯垦。也许他们就是"杨家将"的一部分，延续了祭祀杨业的传统，但这一点至今仍是一个谜。传说还有另一个版本，社公是当地的一位英雄人物，据说叫杨六郎，为了百姓的事出头而被处置，当地百姓就为他立了碑，尊称其为"社公"。无论是杨业还是杨六郎，都有"杨家将"的影子，都是发生在宋代的故事，之间的关联与真实性还有待更为细致的考古和探析。

也有不少人将桂柳运河的功绩与小东江边龙隐洞石壁上的

社公陡

桂柳运河：桂北水运话相思

"平蛮三将题名"碑刻相联系，认为宋代名将狄青曾带领军队通过桂柳运河征伐柳州以南，运河为宋军提供了重要的补给通道，对南征的成功起到了关键作用。狄青班师回桂林后，为了纪念这一功绩，在龙隐洞口刻石咏志。

"平蛮三将题名"碑刻

文物普查资料显示，桂柳运河上存在 11 座桥梁，分别是灌（官）塘桥、鸦雀桥、社门岭村新桥、四塘桥、陡门桥、睦洞村新桥（乾隆桥）、大桥、牛桥、太平桥、龙门桥、高桥。这些桥梁不仅是连接两岸的通道，也是运河曾经繁荣的见证。

新桥（乾隆桥）位于会仙镇睦洞村委与山尾村委河道交界处，横跨桂柳运河，也是在会仙湿地睦洞湖撑船旅游时可上桥观光的古桥。该桥建于清雍正九年（1731年），1986年8月4日被公布为临桂县（今桂林市临桂区）文物保护单位。该桥为单拱桥，由料石错缝砌成；桥长26.7米，跨度8.5米，桥高6.0

新桥

米，拱高 5.3 米，桥面宽 3.97 米，凿刻较平整，桥面由长条石横砌成步行台阶。该桥造型朴实，凿砌工艺也精巧，因为是单拱，由远而望，形如弯月。相传，清乾隆皇帝下江南时，曾历览桂柳运河，游历临桂的睦洞湖，又路过此桥，故人们也称此桥为"乾隆桥"。

新桥上的阶梯

铜桥位于会仙圩西南面，跨会仙河，是一座石拱桥。桥长23.8 米，宽 5.2 米，距水面高 3.5 米，桥面两侧设条石护栏。此桥始建年代无考，可能是清代。桥畔垂柳依依，环境优美，是旧时寺山、七里坪及船岭等乡村到会仙圩的主要交通要道，为临桂区文物保护单位。

接着，将视线聚焦到桂柳运河上的庙门桥，它又叫四塘桥，位于雁山区竹园村委刘家村北约 600 米，是雁山区历史最悠久的古石桥之一。庙门桥始建于唐代，清雍正七年（1729年）和民国十七年（1928年）都重修过。

庙门桥不仅是一座桥，更是一段活历史。古代船只从桥下经过时，由于水流太快，船工需要用竹篙撑住船，防止船只因速度过快而撞到桥梁，长年累月，竹篙在岩石上留下了深深的"篙窝"。这些窝坑如同时间的印记，记录着船夫们日复一日的辛勤劳作。"篙窝"是船夫们无数次用竹篙撑船的证明，也如同滴水穿石一般记录着运河上经年累月的繁华景象。这小小的窝坑静静地诉说着当年运河商路上的繁忙景象，能够想象出当年桥下船来船往，船夫和乘客们忙碌穿行的情景。

如今，道路四通八达，桥已不再发挥当年的作用，但桥上的每一块青砖，都承载着沉甸甸的历史。它们见证了寻常百姓家的日常往来，见证了历史的变迁，见证了桂柳运河的兴衰。

庙门桥（蒋桂英供图）

桂柳运河：桂北水运话相思

撑船过河的痕迹

桂柳运河上人工修筑的长堤

南北陡河通四方

◆▶▶

　　《临桂县志》有这样的记载："北有灵渠，南有陡河。"桂柳运河在清代常与灵渠并称为南北二渠，因位置靠南，被称为南渠。这两条运河南北相通、东西相连，成为往来商旅的便利之道，成就了广西水运的繁荣，留下了千古佳话。

　　京杭大运河开通后，钱塘江、长江、淮河、黄河、海河这五大水系得以沟通，间接带动了桂林乃至整个岭南地区水运的发展，湘江—灵渠—漓江这一传统的南北交通干线，其重要性也愈发凸显。当然，桂柳运河的开通，大大缩短了桂林南往柳州的路程，同时收获的意外之喜是与西部的云南、贵州都通航了。至此，桂北大地上的水运网络初步构建成功。

　　桂柳运河开凿后，形成了"能航、能排、能灌、农商俱赖"的昌盛局面。清代金鉽《临桂陡河碑记》对运河基本功能的描述堪称经典："昔人有言曰，治水而不通军，则濡足何益？通军而不灌田，则末耜何功？今幸军农两便，耕民喁喁北向望甘雨而歌。"运河与生活在这里的人们朝夕相伴，军需与农业灌溉的双重便利，使得运河与人们的生活息息相关。

而在中国历史上，一府拥有两条运河的情况也是极为少见的，这足以证明桂林在历史上的重要地位。两条运河的连通，使得桂林地区的水路系统极为发达，北上可溯漓江经湘江入长江，辗转万里到达帝都，南下可至钦廉运盐鱼，西行可至云贵取铜斤。清雍正年间，云贵总督鄂尔泰从云南入广西，经百色，渡柳江，过永福，抵桂林，溯漓江而出全湘，勾勒出广西百色的左右江流域，到漓江流域，再到湘江流域的内河航运线路，由此东西南北皆可通达。鄂尔泰用自己的亲历印证了桂林水运的发达，以及两条运河之间的互补情况。据古籍记载，今天桂林城区的中华路一带，"南北行旅，皆集于此"，可以想见当时桂林的热闹景象。可见南北两条运河的通畅促进了桂北地区的繁荣。

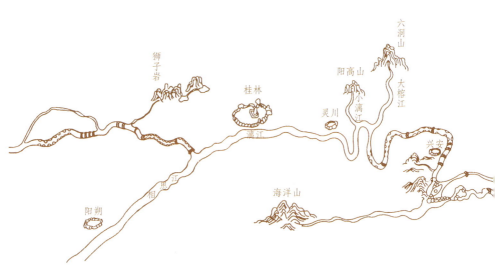

灵渠和桂柳运河示意图（据清代杨应琚《广西桂林府南北陡河图》）

桂柳运河的开凿，为广西各地及西南地区的粮食、土产，特别是金属原料和成品的运输提供了便利。唐开元年间，曾有地方官员以桂州所产铜镜作为贡品进献朝廷的记载。1980年，陕西省西安市蓝田县出土了一件唐代鎏金鸳鸯绶带纹银盘，盘底刻有"桂管臣李杆进"字样。这件银盘的出土，仿佛是沉默的文物在"说话"，向我们证明了当时的桂州拥有丰富的金属矿产资源。通过灵渠、桂柳运河这样的便利交通，能够将这些贵重的金属制品顺利运输到帝都长安。这不仅是中央与地方紧密联系的体现，也是唐代繁荣与开放的体现。

唐代鎏金鸳鸯绶带纹银盘

　　陡门是一种设置在河水湍急、具有较大水面落差的河段的装置，类似一道水门，便于将水围在上游，可提高上游水位与水量，保证船只在河床落差较大的地方能安全通过。尤其是枯水期时，开启陡门还可以增加下游的水量，如同一个设置在河床中的调节器。陡门文化是守陡古村落环境中最突出的文化，古代陡门遗留到现代保存完好的已经不多。灵渠的陡门是人工修建的，而桂柳运河的陡门是利用运河河床自然裸石修整而成，

桂柳运河：桂北水运话相思

河流中的阻石

与灵渠的陡门有本质区别。桂柳运河的陡门所形成的景观更为自然，且规模较小巧，与山水契合度更高。

历史中桂柳运河的河道并不宽敞，常年的水位差变化较大，为了保证水运航线的正常运行，便在运河中水位落差大、河床狭窄处设置陡门构造。有陡门的地方都会配有负责操作陡门的人，称为陡夫。当有船体经过陡门时，守陡门的陡夫负责关陡门蓄水；等到水位线达到需要的位置时，又将陡门打开，让船只顺着水流通过。有时陡夫还要负责推船。在航运旺季时，陡夫需要长期守在陡门边，船只多时，还要带上全家老小一起推船。陡夫的身份主要有两种，一种是百姓守陡，另一种是军队守陡。最后他们及其后代都留在陡门附近，进而形成了守陡村落。

到清代，桂柳运河迎来了它的辉煌时期，经历多次大规模的修浚，这些工程增强了运河的运输能力。随着运输条件的改善，商业运输变得日益繁忙，进而促进了当地生产结构的变革。随着运输业和商业的发展，运河地区的生产结构发生了一定的改变，这种改变无疑对社会经济的多元化起到了推动作用。商船在运河上络绎不绝，大量的商人和货物开始在桂柳运河两岸聚集。从那时起，两岸的许多居民开始从事搬运工作，即为商船装卸货物，成为他们的主要生计。在竹园村附近，地名如"铺头""铺尾""盐店""茶店""糖店"等，都反映出这些地方曾是繁华的商业贸易场所。这些地名承载着历史，当近距离观察到地基的痕迹时，让我们想象出当年商铺林立的繁华景象。

桂柳运河：桂北水运话相思

商业运输的繁忙也带动了城镇的兴起和扩张。良丰（古称凉风）和柘木两处商埠，就是因桂柳运河而繁华起来的典型例子。旧时良丰的圩镇沿着良丰江（桂柳运河东渠接良丰江）而建，得益于水运便利，现在还保存有万安码头、下水洞码头、西景码头、老桥码头等历史遗迹。据当地老人回忆，曾经的良丰圩还有四个街道，分别是西景街、下水洞街、水洞街、关帝庙街，街道与码头都是连在一起的。街道两旁店铺云集，从杂货店到瓷器店，从金银首饰店到布店、铁匠店，经营着包括盐、

流经柘木村的溪流

米在内的大宗货物和各地土特产，货物种类繁多，良丰圩的繁华程度可见一斑。货船大多是从桂林、梧州、柳州等地经桂柳运河过来的。为了祈求航运平安，当地还建有火神庙、关帝庙等寺庙。这些寺庙的存在，不仅丰富了当地百姓的文化生活，也体现了人们对航运安全的重视。

"狮子岩前水长流，南临山景逍遥游。龙王庙内钟鼓响，虎仔桥上看客舟。"清代桂林道台姚佐臣的诗句，不仅描绘了桂柳运河当年的繁荣景象，还对那段远去的喧嚣留下了深情的注解。如今的桂柳运河，早已没了当年的兴盛与忙碌，只剩下各式古桥与周围的奇峰怪石、天然河汊，以及东西分流的潺潺流水相映成趣，供南来北往的游客遥想这里曾发生的故事。

农业，作为历代王朝的根基，始终占据着重要地位。桂柳运河的修建，不仅在水路运输上发挥了重要作用，更在农业灌溉方面起到了巨大的推动作用。

广西素有"八山一水一分田"之说，这里的耕地稀缺，粮食产量有限。运河的修建在便利水路运输的同时，又惠及周边农田的灌溉。在桂柳运河修建后，唐中宗景龙年间，王晙担任桂州都督时，继续兴修水利堰坝，"又堰江水，开屯田数千顷，百姓赖之"。在这一次的兴修水利中，王晙开屯田数千顷，大幅度扩充了耕田的数量，使桂州的农业得到了显著的发展。

到了宋代，桂州知州王祖道在崇宁年间于城北开凿朝宗渠，将漓江、西湖、阳江相连起来，实现了桂林环城皆水的壮举。朝宗渠的开凿，特别是从漓江上游南洲岛引水入城西的西清湖，是整个工程的关键。之所以选择在漓江上游南洲岛处引水向西，

桂柳运河：桂北水运话相思

桂柳运河滋养的稻田

是因为尧山脚下这一带虽然地势较高，但是平坦广阔，开挖难度较小，开挖以后水势平缓，不易造成水患。朝宗渠开凿之后，渠水斜穿而过，从而使原来难以灌溉的高岸之地成为极易浇灌的水浇之地，使这一带广阔地区成为膏腴之地。有水就可以耕种，就有收成，农业生产大有增益。朝宗渠的开凿不仅解决了尧山脚下一带的灌溉问题，发展了尧山脚下一带的农业，甚至可以说其贯通的环城水系对整个桂林的农业发展起了重要作用。不仅如此，朝宗渠的修建还提升了整个桂州城的军事防御能力，"一水抱城流"的城市格局对今天桂林城的整体格局影响深远。灵渠、相思埭两条运河如同桂林的"外环线"，而朝宗渠在内，形成"内环线"，内外环线相互关联，一环扣一环，河网四通八达，形成独特的景观。那幅雕刻在桂林鹦鹉山的《静江府城池图》，则完整地描绘了当时环绕在桂林城的河流与沟渠，为"桂林是个水围城"留下完美的注解。

被水滋养的农田哺育了百姓，被水滋养的桂林也充满了灵气。相思河畔，狮峰山下，横山村虽小，却蕴藏着丰富的文化底蕴，是清代理学名臣陈宏谋和"三元及第"陈继昌的故乡。百余年来，五代连科，人才辈出，成为千年科举史上的一段佳

静江府城池图

桂柳运河：桂北水运话相思

话。而桂柳运河又仿佛是一条流动的文明之河，滋养了桂林的文化基因，一府两运河，文脉传古今。

桂柳运河展现了古代先贤在顺应自然的基础上，施展智慧开凿成功的水利工程案例。从唐代的军事战略的部署到发挥农业灌溉的作用，从舟楫往来、热闹非凡的水上贸易到湮没在历史浮沉之中，再到文化传承与教育意义的深远影响，桂柳运河见证了历史的变迁。

随着对桂柳运河探寻的深入，桂柳运河的神秘面纱逐渐被揭开。那纵横交错的水系，曾经是连接西南与中原大地的重要纽带。寻访桂柳运河的点滴遗存，感受千年来的历史兴衰，连接跨时空的相思，与古人对话，表达对先辈智慧与勤劳的敬仰之情，以期为延续这份不应被遗忘的精神，尽一份绵薄之力。

唐代北部湾运河体系：
安全线与贸易线

　　千百年来，北部湾海域一直传颂着马援的功绩，伏波祠的香火不断。马援不仅是战功赫赫的将军，也是一位伟大的建设者。他的故事与这片海域的建设密切相关。北部湾三大运河，无一例外都流传着是由马援主持开凿的说法。

　　但历史的真相究竟如何？传说中帮助开凿运河的仙人是否存在？这些古老的运河遗迹能否为我们揭开历史的迷雾？

　　一系列的疑问浮现在世人面前，越来越多的人为此去寻找答案。随着考古发现的深入，以及学者们的研究与推测，答案渐渐地显露出来。山海之间，那些浮光掠影的历史画面，仿佛在向我们诉说着一个时代的辉煌与梦想。

西坑运河：马援故道今又现？

◆▶◀◆

　　西坑运河位于广西钦州市钦南区犀牛脚镇西坑村，人们以其所处的地名为之命名，在古籍中被称为"河山径""杨二（义）径"，而民间俗称"杨二涧"。西坑运河不算长，仅有1.3千米，河道宽10～12米，东北方向连接大风江，西南方向连接大灶江，又因处于埠头村背面，被当地村民称为"后背江"。运河是在充分利用原有自然河道的情况下，开挖阻隔的山体连通两江，实现运河运输的目的。西坑运河的开通，可以使往来钦州、合浦的船只避开乌雷滩附近的风浪或礁石等危险，降低船只破碎沉没的概率；同时，西坑运河不仅能缩短两地之间的路程，还能有效防止海寇打劫船只。西坑运河在2012年被公布为钦州市文物保护单位。

　　西坑古运河是连接钦州湾—防城港—越南的重要海上通道，是海上丝绸之路重要的文化遗产之一。当时的海上丝绸之路正值兴盛，官贾、商人们组成的船队从钦州湾起航，因为航海技术有限，远洋航行使用的还是木帆船，这些船只的抗风浪能力有限，又没有指南针指示方向，只能沿北部湾海岸线缓行，需要时时算定海潮流向，顺着季风扬帆而行。远出南洋，需要以物交换，才能补给粮食、物品和淡水，航行常历经几载方得往返。而西坑运河就是这条远洋航线上的重要通道，为远航的航海家们指引着方向，确保他们能够安全穿越这片海域，继续他们的"海上传奇"。

那么西坑运河又是谁开凿的呢？当地流传较多的是马援和杨彦迪开凿运河的故事。

如果将时间的指针拨回东汉初年，当时马援南征，因乌雷至南流江口的海面较宽，夏季时风力较大的西南风因乌雷大岭（钦州湾海岸线上最高的山）的正面阻挡而向东直贯入大风江口。从外地调来的满载粮草的内陆船只，出了南流江后很难走完最后一程，难以将粮草运送至马援军中。为避开海风环流地带，解决大观港的后勤补给保障问题，马援经当地人的帮助，视察了港口水系，了解其分布情况后规划出一条便捷的路径：利用当地自然水道，稍加人工开挖进行连通，形成运河以保障军粮运输。于是，马援组织了两万兵员挥舞着铁锹和铁镐，劈山凿石，汗水混合着泥土，在艰难情况下开辟出了这条运河。史书中记载了这一壮举，"缘海而进，随山刊道千余里"。西坑运河凿通之后，东连九河江（九河渡），船只能够从大风江出海；西连接黄金墩、大灶江，船只也能从大环江、麻蓝岛海域出海。这样一来，即使敌人举兵北上，也可以在左右两边形成包围之势，使该地可攻可守，极具战略优势。

而杨彦迪的故事则发生在明末清初。杨彦迪又名杨义、杨二，是明代的一名将领，率军进行反清活动，至钦州、防城港

西坑运河局部河段（引自何守强《广西唐代运河与北部湾海上丝绸之路》）

一带占据有利地形后自立为王，活跃于茅尾海、七十二泾及防城沿海等北部湾一带，并在九河渡、岭门村、龙眼山、埠头村等地建立军事基地。康熙十八年（1679 年）秋，杨彦迪在乾体港水域（今合浦乾江）一战中，被清军围困于大观港（今大风江）海面，退守大观港支流九河渡内海。后来清军大举进攻，局势危急之际，副将黄进提出，如果可以在西坑古运河原址的西边挖通大灶江，便可从麻蓝岛海域撤军。随即，黄进请求附近村民帮忙进行挖凿，众人仅用了一个晚上，在第二天天色将明时，就打通了从杨义洞、黄金墩直至大灶江的水路。一夜之间，西坑运河的西河道被快速疏通，就好像真的有神仙帮助一般。杨彦迪立即率领残部从西坑古运河向西经过杨义洞、黄金墩、大灶江至麻蓝岛海域逃脱。至今，北部湾一带民间仍流传着"杨义有天日，一夜海水涨三尺"的故事。这个故事也被收录在民国版的《钦县县志》中，当地俗称的"杨二（义）径""杨二涧"则都是西坑运河与杨彦迪相关的反映。

历史的真相往往隐藏在层层迷雾之中，现实却往往出乎意料。钦州市博物馆与广西文物保护与考古研究所的考古工作揭示了西坑运河的另一面。

通过清理河道，揭露原始河道面貌，考古专家发现，这条运河是根据山体之间的自然状况进行片山凿石修筑而成的。西坑运河的总体走向现在仍清晰可辨，但部分河道已经被占用，或因历史原因出现改道等情况，如南端被公路与水坝截断。龙眼山之河山框段被人工开凿的痕迹最为明显，吊水口等局部河段保存较好。2019 年钦州市博物馆在对西坑运河勘探试掘后发现，吊水口河段运河底部河道宽 5～6 米，深 6.7～7.8 米，运河河道呈上宽下窄的形状，从横截面看像一个倒着的梯形。在该运河采集和出土的陶瓷片胎釉与防城港潭蓬运河出土的唐代时期的器物大体一致，证实了西坑古运河开凿年代不晚于唐代。

为更进一步了解西坑运河，2020 年钦州市博物馆又进行了第二次试掘，共清理了约 600 平方米的河道和河面淤泥，清理运河河床底部长约 6.5 米、宽约 6 米。此次试掘是在 2019 年试掘的基础上再一次明确了该运河的修筑方式。这次试掘最大的收获是在西侧壁上发现了非常清晰的凿痕，再次佐证西坑运河是人为开凿而成的。

考古学中地层是非常重要的断代要素。根据古运河河道堆积及包含物所示，此次试掘西坑古运河段河道堆积分为3层，自上而下第一层为近现代堆积，第二层可能为宋代至清代堆积，第三层可能为唐代堆积。因并没有发现汉代的堆积，再一次证实马援开凿西坑运河可能只是传说，而运河开凿的真正年代应为唐代。

2020年的试掘在西坑运河的底部出土部分陶瓷片、接近碳化的树木、有人工加工痕迹的木桩及1件木器。陶片以四系或六系陶罐的口沿、腹部、底部残片为主，灰白胎、灰胎较多，少量褐胎，有少量陶钵残片，质地坚硬。瓷片以碗、盘、罐的残片为主，灰白胎，施青黄釉和白釉。木器通长约37厘米，可能为车轴。对出土的文物进行对比分析，发现所出土的陶瓷片

西坑运河出土的部分陶瓷器残片（引自《洲尾贸易场：汉代以后北部湾海上丝绸之路变迁与延续的历史见证》）

唐代带系陶罐残片

宋代青白瓷碗残件

清代青花瓷碗残片

西坑运河出土的文物（引自何守强《广西唐代运河与北部湾海上丝绸之路》）

胎釉与附近区域隋唐时期久隆古墓、潭池岭窑址和母鸡坑窑址出土器物大体一致，再一次确证西坑运河开凿年代不晚于隋唐时期。两则关于西坑运河的传说与试掘所出土的文物揭示的开凿时间之间存在误差。

那唐代开凿的运河为何会与马援有关联？这可能与整个广西区域内流行的马援崇拜有关。有学者总结马援在南征期间的历史功绩时指出，他既维护了国家统一，巩固了边疆，又加强了中央与岭南地区的联系，促进了当地社会经济的发展，对岭南地区的社会发展有着深远影响。尤其在水利建设方面，除建设运河外，马援还"穿渠灌溉"，兴修水利，以利其民，为岭南地区的农业发展提供了基础，并作出了长远的规划，因此岭南地区开始有了对马援的崇拜。对马援祭祀的最早记载是李商隐的《祭全义县伏波庙文》，全义县就是今天的兴安县，亦是灵渠的所在地。崇拜马援也贯穿于广西几条古运河中。而民间关于崇拜马援还有另一种说法，即伏波安澜的护航功能。广西的伏波庙宇大多建立在河岸或者水边，将伏波庇佑水上安全的功能表现得淋漓尽致。特别是在今天钦州乌雷一带，流传有很多关于马援的传说，其中大多提及马援到达过乌雷并驻军这一线索。因此，马援开凿西坑运河的传说既有对伏波的崇敬之情，也有海边居民渴望海晏河清的殷切希望。

西坑运河既然不是马援所凿，那马援是否有修凿北部湾区域的运河呢？大观港地理位置非常突出，是当时的交州及合浦郡辖地的重要交通枢纽，背靠南流江，面向钦州湾。在这个海湾内，东有雷州半岛，南有海南岛，形成了一道屏障，阻隔了

古运河的变迁

南海来的较大风浪。而北部湾属于亚热带季风气候区，冬季多行东北风，夏季多行西南风。北部湾背靠乌雷大岭、坟面岭、马儿岭、岭门大岭、鸡笼山，这条山脉阻挡了从北部湾进入的西南环流狂风，是一条非常隐秘的天然水道屏障。所以也有人推测，大观港才是马援开凿的地方。但遗憾的是，时至今日并没有在大观港开展考古发掘，暂时不能用出土文物证实这一说法，只能根据史书与地理现状进行合理的推测。

而杨彦迪的故事之所以能流传下来，是因为明末清初距离现在的时间相对较近，杨彦迪可能率军在这里驻扎与清军进行对抗。但一夜之间能凿通运河多少会带有一点神话色彩与夸张的成分，这在现实中几乎是不可能完成的。脱下神话的外衣，重新思考这个故事，会发现在一定程度上表明这个时期该运河可能已经存在，杨彦迪可能是在原有基础上稍做修浚，疏通河道，以此完成战略转移。在西坑运河试掘中出土了明清时期的文物，为这个推测的合理性提供了一定的证据支持。

皇帝沟运河：“皇帝”何处寻？

◆▶◀◆

    皇帝沟运河，位于今天防城港市企沙半岛的最狭窄处，全长约6.3千米，宽8～10米。运河呈东西走向，贯穿企沙半岛两端的狭窄处，东口接尖山江入龙门海，西口在沙港村东南部的统熙围连接风流岭江湾。皇帝沟运河的开通，连通了东西两端海湾，使原本要沿着蜿蜒的企沙半岛海岸往来的船只，能够直接穿过两端海湾直线航行，航程比原来的路线缩短了30多千米，同时还能使船只避开海上的风高浪急，提高航行的安全性。因此，皇帝沟运河的凿通具有双重作用。2012年，皇帝沟运河被公布为防城港市文物点。

    皇帝沟，这个颇具帝王之气的名字其实是防城港民间对该运河的俗称，可以说是简明扼要地概括了它充满民间传奇和神话色彩的由来。

    说起运河的开凿，就不得不再次提到前面所说的明代将领杨彦迪。杨彦迪在钦州、防城港一带占据有利地形后自立为王，称杨王，因“王”与“皇”发音相似，民间又称他为“杨皇帝”。当时从龙门到暗埠口江港走水路需要绕过企沙半岛，途

皇帝沟运河

中还要越过"三门浪"、石龟头等险滩，需要航行整整一天才能到达。有人提出，如果在尖山江和风流岭江之间开挖出一条运河，这条水路既便捷又隐蔽，进可攻退可守，而且整体工程量也不大。杨彦迪经过深思熟虑，认为该方法从战略角度来看可行，就下令在龙门海的尖山江与风流岭江之间开挖一条长约6千米、宽十几米、正常潮位河水深度可达数米的海上运河。在开凿过程中，为了防止运河泥沙淤积，施工人员将从沙牛岭脚到芒基窝河段挖起的泥土堆在运河两岸，堆成两条高大的泥垄，用于阻挡运河两岸的泥土被雨水带入运河中。因当地习惯将运河称为"沟"，在民间的口耳相传中，这条运河久而久之就被称作"皇帝沟"。1993年出版的《防城县志》对皇帝沟的记载较为详细。2019年出版的《防城港市志》也有记载，也是以杨彦迪开凿运河为主题，但其中加入了不少的传奇色彩，如在"阴间"，有这样的规定："鸡鸣一过，阴兵就得返回地府，否则就会在阳间变成孤魂野鬼。"而在运河开凿前，杨彦迪没有按照以往祭拜"鸡笼鬼"，因此受到"鬼怪"作祟，致使"阴兵"在听到鸡鸣声之后无法继续挖河，最终这条运河还有半里（约250米）没有挖通。

那么事实究竟是怎样的呢？或许考古可以给我们带来答案。2020年、2022年防城港市博物馆曾对皇帝沟运河进行两次试掘。从试掘整体情况来看，至今运河总体依然可辨，河道是依据河谷进行开凿的，多数河道基本得以保存，河段开挖不深，仅3米左右。从探测情况来看，河道具有人工开凿的痕迹，尤其是在河底石质上。从清淤处的石质来看，底部是相对平整的石板，石板材质为较松软的风化石。皇帝沟运河所经之地相对平坦，以土、石为主，且石质为较易开凿的风化石。因为该运河开挖不深，所以整体工程量也不算太大。

试掘后的皇帝沟运河底部（引自何守强《广西唐代运河与北部湾海上丝绸之路》）

　　两次试掘中，先后出土了 200 多件各类文物标本，以陶瓷为主，时间横跨唐代至清代。其中，瓷器有青瓷、青白瓷、青花瓷等，不仅包括了运河周边广西本土的青瓷窑产品，还有来自龙泉窑、景德镇窑、耀州窑等多个久负盛名的窑场的产品，器型包括碗、罐、杯、盏、炉等。除此之外，还出土了一枚北宋政和年间的钱币，为古代常用的圆形方孔式样，上刻有"政和通宝"四字。这一枚钱币的出土，连同其他出土的瓷器的式样，对判断皇帝沟运河的存续时间具有重要价值。

　　在对周边进行走访调查时，有村民告知调查人员，在 20 世纪 70 ～ 80 年代，曾有村民将之前搁浅于运河河道淤泥中的残

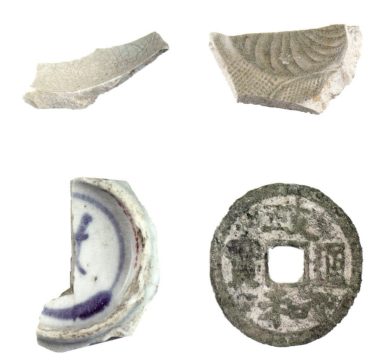

皇帝沟运河出土的文物（引自何守强《广西唐代运河与北部湾海上丝绸之路》）

破的木船船板拆卸后搬运回家。虽不知木船是何时搁浅的，但从侧面反映出该运河具备通航的条件。

根据考古调查与出土文物判断，皇帝沟运河应是开凿于唐代，而在明末清初时，杨彦迪对该运河开展过局部的疏浚等维修工作。以上判断与文献所载信息可能存在差异，但基于出土文物等得出的推论应该更具有说服力，因为文物是历史遗留下来的物证，是那段历史的"见证者"。

潭蓬运河：且扬天威

◂ ▸▸

　　潭蓬运河是今人根据运河所经过的潭蓬村而命名的，在古籍文献中人多称其为"天威遥""天威泾"等，在民间又有"仙人泷"之称。潭蓬运河原长约 2 千米，现存约 1.5 千米，河道平均宽度 8.2 米，最窄处 7.8 米，最宽处 12.9 米。与其他运河不同，潭蓬运河未借助原有自然河道，完全通过人工进行开凿而成。运河开凿是将深入大海的江山半岛的最窄处拦腰截断，所经地区多为石质山体，其中叫仙人坳的地段更是顽壁累累，开凿难度之大可想而知。《防城县志》记载："查该河所经上下各层均为海石，开凿工程浩大，似非仙人不能开凿之势。"因此，当地群众称之为"仙人泷"。潭蓬运河有"中国古代唯一的一条海上运河"之美誉，根据该运河河道出土出水的文物、现存石刻以及民间传说等推断，于唐代始凿。它的开通，贯通了西湾和珍珠湾，改善了安南与邕管海路的交通，有效避免了北部湾海域的诸多危险，提升了原有海路的便捷性。在唐代，为了维护岭南西道治所邕州与安南地区之间的高效、安全往来，同时今越南与我国两广地区在行政区划上的历史渊源及其变迁

潭蓬运河航拍图

潭蓬运河文物保护碑

也对原有海路的便捷性有迫切的需要，潭蓬运河应运而生，它的开通进一步促进北部湾地区商贸的发展。潭蓬运河在 1981 年被公布为广西壮族自治区级重点文物保护单位，2020 年被纳入全国 53 个海上丝绸之路申报世界文化遗产的遗产点之一。

在防城港的白龙头海域，流传着许多令人胆战心惊的故事。这里，礁石群如同海中的守卫，延伸入海，环绕着海岸线，形成了一道天然的屏障。然而，这些礁石并非总是那么"友好"，它们的存在，让海中暗流涌动，给航行的船只带来了巨大的挑战。防城港属南亚热带季风气候区，受海洋影响，每当西南风起，白龙头海域就会变得异常凶险，海浪一波接着一波，像是有无穷的力量不断地拍打着海岸。当地人常说："西南风不过白龙头。"这句话背后隐藏着多少船员的辛酸和无奈。在这样恶劣的自然条件下，船只往往难以抵抗海浪的冲击，稍有不慎，就可能发生船毁人亡的悲剧。"才登一去之舟，便作九泉之计"，面对航程的凶险，航海者要鼓起多大的勇气才能乘风破浪，扬帆远航。在这样的背景下，开通一条绕过白龙头海域的运河，显得尤为迫切。

关于潭蓬运河的开凿年代也有几个故事版本。伏波南征的故事早已深入人心，所以人们将运河开凿最早追溯到伏波将军

潭蓬运河东段

马援，留下了马援开凿运河的传说。唐代的许多文人对潭蓬运河都有所记载，其中就有"唐宋八大家"之一的文豪——柳宗元。柳宗元为故友安南都护张舟所写的墓志铭中，赞颂张舟管理安南都护时的功绩，特别提到张舟下令疏浚运河，开辟了一条坦途。这条"坦埞"就是潭蓬运河。随后，静海军节度使高骈疏通了该运河，正史之中对此皆有记载，甚至在长安留学并任职的新罗人崔致远所撰《补安南录异图记》都对高骈通渠有所记载。高骈幕僚裴铏所撰的《天威径新凿海派碑》一文中，更是详细记录了这一壮举。宋人在碑文后记的跋文中提到，这条运河可能是唐懿宗赐予的名字——"天威"。这个名字，不仅彰显了皇帝的威严，也代表了这条运河在人们心中的重要地位。

随着考古专家们在潭蓬运河的河道中进行清淤和发掘，历史的层层迷雾逐渐被拨开，露出了关于这条运河更加清晰的历史脉络。其中，发现的文物十分丰富多样，不仅涵盖了唐代至清代的各个时期，而且类型繁多，从日常生活物品到死后陪葬的明器，甚至还有出口到周边国家的精美瓷器，如唐代青瓷碗、宋代黑釉弦纹小陶罐、元代青瓷高足杯等。每一件文物都仿佛在诉说潭蓬运河的故事。

潭蓬运河清理植被后的河道

古运河的变迁

唐代青瓷碗

宋代黑釉弦纹小陶罐

元代青瓷高足杯残片

潭蓬运河的出土文物（引自何守强《广西唐代运河与北部湾海上丝绸之路》）

在河道的石壁上，有三处刻有"元和三年"（808年）字样，这与张舟在元和年间任职安南都护的记载相吻合。这项证据充分说明，柳宗元为张舟所撰墓志铭的真实性，当然也说明记载的信息是真实的，张舟在元和年间确实参与了潭蓬运河的修凿工程。另外，几处石壁上还有"咸通九年"（868年）的刻痕，是高骈疏凿运河时留下的标记，与裴铏所撰碑文对应。"元和"与"咸通"两个唐代的年号相隔60年，在时间上具有先后顺序，说明在唐代至少对该运河进行了两次修浚，也从侧面反映出修凿潭蓬运河的难度之大。60年的时间跨度，两任官员的接力修浚，也反映出了该运河在当时社会经济和军事战略中的重要地位。这些石头与文字历经沧桑，仿佛在诉说着运河开凿的不易与工匠坚持不懈的精神。这些考古发现不仅为我们提供了丰富的历史信息，让我们对潭蓬运河有了更深入的了解，也为日后的深入研究指明了方向。

潭蓬运河岩壁上的刻字和图像

古运河的变迁

潭蓬运河石刻及其拓片（引自何守强《潭蓬运河研究》）

潭蓬运河石刻及其拓片（引自何守强《潭蓬运河研究》）

潭蓬运河石刻及其拓片（引自何守强《潭蓬运河研究》）

从潭蓬运河所运用的疏凿痕迹来看，开凿运河时除了使用常见的工具凿子、斧头、铁锹、铁锸、錾子等，还使用"叠燎沃醯"的方法来凿巨石。简单来说，该方法就是使用热胀冷缩的原理，通过高温烘烤岩石，待岩石吸收热量后，浇上水或醯（醋），岩石忽冷忽热就容易崩裂，再用铁器工具凿去一层。这样逐层烧凿，反复进行，直至完工。该方法的运用，可以加快山体岩石的开挖，是古代劳动人民智慧的体现。潭蓬运河河道石壁上现存有多处长 6～7 厘米、宽 3～4 厘米、深 3～4 厘米的凿孔遗迹，疑为排孔加尖开石所留痕迹，这充分说明了这一方法确实在运河开凿的过程中得到了运用。

关于潭蓬运河的开凿，还有另一个充满悬疑又有趣的故事版本，那就是最后成功疏通运河"借助"了雷神电母的力量。这个神话故事，更是为这条运河增添了一份传奇色彩。潭蓬运河如此难开凿，那为何最后又在高骈的经营下疏凿成功？碑文中有这样一段描述："忽狂云兴，怒风作，窥林若暝，视掌如瞽。俄有轰雷磷电，自砺石之所，大震数百里。"这是当时高骈的幕僚裴铏记录潭蓬运河开凿的场景。他将开凿运河的景象描绘成天地间的壮举，雷公电母以雷霆万钧之势帮助人们完成这项工作。在那个科技不发达的时代，人们常常将一些无法解释的自然现象归因于神明显灵。开凿一条穿越坚硬山体的运河，无疑是一项极其艰巨的任务，人们需要克服种种困难，付出巨大的努力才能开凿成功。因此，将雷公电母的力量赋予开凿工程，可以看作是人们对于这项工程的神圣化和理想化。而关于雷公电母的传说，虽然缺乏直接的

潭蓬运河的人工开凿痕迹及凿孔（引自何守强《潭蓬运河研究》）

证据，但反映出了古代人民对自然力量的敬畏和崇拜。

雷公电母传说的出现，也可能是古代人民对于火药这种新兴技术的神圣化解释。高骈负责疏凿运河时是否因为使用这一技术而变成了不可告人的秘密？当问题让人产生好奇后，答案就会引人入胜。将火药的威力神化成雷公电母的助力，可能只是为了掩盖火药强大的威力。唐代盛行道教，炼丹术的发展为火药的发明提供了技术基础，炼丹者在研制丹药的过程中可能就掌握了制造火药的方法。如"伏火矾法"的配方中，硫黄和硝石等火药的主要成分被运用其中。与高骈同时期的《真元妙道要略》就有提醒炼丹者在使用硫黄、雄黄和硝石时要注意用火方式。可想而知，那时已有炼丹者在使用中用火不慎，导致手和面部乃至房屋烧毁的案例出现。由此可推断，当时人们不仅知道火药会爆炸，还知道其具有巨大威力。

裴铏碑文中对雷电之助的描述相当细致，"雷霆大震、巨石嶞裂、倏而碎矣"，而在场旁人的反应为"役者皆股栗胆动，掩聪蔽视"，裴铏的描述与火药使用时的爆炸情形相吻合。五代宋初文学家孙光宪对此曾评价"或言骈以术假雷电以开之"，即认为高骈开凿时以法术借雷电之力，解决施工中遇到的障碍。这些文献记载，为潭蓬运河开凿中应用火药的推论提供了间接证据。

北部湾地区普遍存在雷神崇拜，这与道教雷法有着密切的关联。高骈信奉道教在古籍中也不乏记载，《北梦琐言》中记载高骈镇守蜀中与南诏交战时，因信仰道教法术之力，让先锋军背神符一道参与作战，"蛮觇知之，望风而遁"。因高骈信奉道教，其幕僚中有修道炼丹者，他们可能是火药试验的研发者。这些人员的存在，为火药技术在开凿运河中的应用提供了技术基础和人员条件。

现存潭蓬运河的遗迹中发现疑似与爆破相关的痕迹。在潭蓬运河的实地调查中发现，潭蓬运河东段河道石壁上保存有多处非自然痕迹。这些痕迹与铁器凿痕不同，更像是爆破

潭蓬运河水面开阔地带

遗留的人工开凿痕迹。在对周边村民的走访调查中，调查人员从潭蓬村一位村民的口中获知，1991年因气候干旱及周边农田灌溉需要，仙人泷大山塘即水库中的水被抽干。随着水位下降，在运河中段即靠水库土地庙附近河段石壁上，发现有几处直径约10厘米、深浅不一的洞孔，疑为爆破所用。综合以上各方面的证据，推测出在潭蓬运河的开凿过程中，高骈及其团队可能已经掌握了火药爆破技术，率先将其应用于运河周边山体的施工中，加快了施工进度。这种技术的应用，无疑是中国古代科学技术史上的一大进步，也是古代劳动人民智慧的体现。

潭蓬运河石壁

当然，这一推测仍需更多的考古发现和学术研究来进一步证实。雷公电母的传说，也许永远都会保留着一份神秘色彩，但正是这种神秘，激发了我们对历史、对科技、对人类智慧的无限好奇和探索。通过考古发掘与文献研究，揭示掩盖在神话之下的另一种传奇，亦是探索的乐趣。从"天威遥""天威泾"，到"仙人泷"，再到"潭蓬运河"，每一个名字的背后都是对该运河内涵的概括。虽隔山海，但因人类无穷的智慧，山海亦可平，两地亦可通。

在北部湾这片充满挑战的海域，西坑、皇帝沟、潭蓬三条运河的开凿，展现了古代劳动人民非凡的勇气与智慧。三条运河从横向上连接了企沙半岛和江山半岛，实现"通江达海"，既缩短了航程，又避开了凶险曲折的近岸海域，同时为北部湾地区的人民带来了便利，促进内陆与外海的往来互通，为唐代及以后该区域海上航线的持续繁荣奠定了基础。同时，这三条运河构筑起北部湾海域的安全防线，保障了北部湾区域的稳定。在唐代及以后的岁月里，这三条运河不仅是交通要道，更是战略防线，保护着这片海域的安全，保障了该区域的繁荣。这三条运河的开凿，不仅是地理上的连接，更是历史和文化的纽带，连接着过去与未来，连接着梦想与现实。

怪石滩外有遗珍

◆▶◀

怪石滩位于防城港市防城区江山镇白龙村西南端，即江山半岛尾端，大自然以其鬼斧神工雕琢出了一片独特的自然景观。江山半岛尾端往西北经庙溪口至白龙炮台，连绵起伏的岩石滩涂在海潮的洗礼下，展现出了别样的风采。这片滩涂原本是两座石质山丘之间的余脉谷地，其地形略呈"∩"形，由东北向西南延伸，仿佛是大自然的神来之笔。两侧的岩石嶙峋和中间的淤沙形成了沟壑，随着潮起潮落，岩石时隐时现，仿佛在向我们打招呼。那迷幻的海底世界，隐藏着无数的秘密，等待着我们去探索。

在潮起潮落之间，不少群众曾在怪石滩拾到一些瓷器碎片，

怪石滩岩石

这为防城港市博物馆提供了线索。经过鉴定之后，专家发现这些瓷器残片的生产时期多为唐代或更早，少数为明清时期。这些瓷器以唐代青瓷为主，包括碗、罐等器型，考古专家推测应该是在潭蓬运河通航之前，途经附近海域遇难的船只遗留下来的。

2023 年防城港市博物馆在怪石滩调查发现及采集的部分标本（引自何守强《广西唐代运河与北部湾海上丝绸之路》）

怪石滩海域

　　为了更好地探查怪石滩海域的基本情况，国家文物局水下文化遗产保护中心、广西文物保护与考古研究所联合在 2015 年开展了怪石滩的水下考古调查。此次调查的范围是防城港市防城区江山镇白龙村庙滩口至怪石滩海域。考古队员采用物探扫测和水下探摸相结合的方式，利用物探扫测及潜水探摸等技术手段进行调查。在他们的努力下，怪石滩海域的神秘面纱逐渐被揭开。所调查的这片海域呈沟状，自东北向西南倾斜延伸，

两侧海床为坡状的散落岩石，中部则是淤积的泥沙杂质。

目光穿过海浪，似乎能看见海水下那些沉睡了千年的"宝藏"。考古队员在这里搜索采集到 87 件年代自唐代到清代的陶瓷器，其中陶器 38 件、瓷器 49 件。这些器物多数残缺，有些仅存残片，完整器甚少。即便如此，它们依然散发着历史的光辉。这些器物的年代混杂，没有明确的层位，也没有纪年的文字，这给考古专家们带来了不小的挑战。根据初步整理情况，

2023 年防城港市博物馆在怪石滩调查发现及采集的部分标本（引自何守强《广西唐代运河与北部湾海上丝绸之路》）

古运河的变迁

2023 年防城港市博物馆在怪石滩调查发现及采集的部分标本（引自何守强《广西唐代运河与北部湾海上丝绸之路》）

可将采集器物制作时间分为唐五代、宋元、明清三个时期。

唐五代器物不多，主要为瓷器，有碗、盆、罐等器型，灰胎、青釉。制作工艺稍显粗糙，器型不甚规整，火候不高，胎质疏松，胎体厚重，胎面粗糙，釉质混稠，釉面粗涩，釉层易脱落。

宋元器物也不多，主要为瓷碗、碟及陶罐。瓷器为灰胎，青白釉；陶器为灰胎，质坚硬。瓷碗主要为斗笠碗和敞口碗，斗笠碗釉面有冰裂纹，内壁模印卷云纹；敞口碗略生烧，釉层易脱落。较之唐五代器物，宋元瓷器稍规整精致，胎体轻薄，釉色泛白。根据遗址地层中出土遗物分析，宋元陶器一般也器型规整，胎体较薄，火候较高，胎壁有旋痕如弦纹，而在本次考古调查怪石滩中出水的部分陶器也具有这些特征。

明清器物占绝大多数，陶瓷器约占一半，瓷器有盘、碗、盆等器型，陶器有瓮、罐、盆、钵、擂钵等多种器型。瓷器胎质稍致密，胎色有灰色、灰白色、白色，釉色有青色、青白色、青灰色、白色等；少数为素面或印花瓷，多数为印制或手绘的青花瓷，青花呈色有暗蓝色、鲜蓝色、蓝褐色、蓝绿色、蓝灰色、青灰色、灰绿色、灰黑色、青绿色、深绿色等；纹样有人物、折枝花、缠枝花、花草、云龙、飞凤、变体"寿"字、弦纹等。部分瓷器器型产地特征明显，为龙泉窑、景德镇窑、闽南民窑产品。陶器胎色有灰色、灰白色、灰褐色、灰黄色、紫褐色、紫灰色、橙红等，胎质坚硬，部分为夹砂或砂质陶，火候甚高；施釉不及底，釉色有酱色、酱黑色、青黄色、青绿色等。部分陶器器型时代特征和区域特征突出，尤其是小口、丰折肩、小平底的瓮、罐一类，以及直身罐、钵为本地乃至北部湾一带的常见器型。

水下出土的器物（引自何守强《潭蓬运河研究》）

更令人兴奋的是，那些来自浙江龙泉、江西景德镇、闽南等地的对外贸易瓷器。其中有些器物仍完整无损、精美如新。每一件陶瓷器、每一片碎片，都是历史的见证者。将怪石滩出水的陶瓷器与江山半岛潭蓬运河附近发现的仍完好如新的唐代至清代瓷器进行对比，发现它们的产地与出水地一致，很可能是为了绕避怪石滩经潭蓬运河转运时遗留下来的。怪石滩上的遗存可能正是当时航行的船只留下的货物，它们的出现反映了唐代以来北部湾三大运河的航运情况。

怪石滩，这片古老的海域，正以其独特的方式，向我们讲述着千年的历史故事。

古今运河共繁荣

•◣▸•

　　一路跟随着海上丝绸之路的脚步探寻发现，还有一个重要的地方需要介绍，那就是钦州。早在汉代，钦州就是北部湾区域海上丝绸之路航线上的重要一环。自汉武帝设置合浦郡、钦州作为郡一级的治所后，便成为岭南西部地区的政治中心、经济中心、文化中心，合浦港也成为汉代中国南方对外交通的重要港口。大量货物从合浦港运往海外销售，又有大量的海外货物运抵合浦港销往内地，使得这里成为著名的海上丝绸之路最早的始发港之一。隋唐时期，钦州逐渐发展成为北部湾地区的政治中心、经济中心，也因此成为通向海外最为重要的出海口岸和商品集散地之一。

　　2009 年，钦州市博物馆从当地渔民手中征集到一批由古运河水道出水的瓷器，多为罐、碗、盘等生活瓷器，其特征与运河附近的潭池岭窑址、母鸡坑窑址及久隆古墓群出土器物类似，可见隋唐时期西坑古运河已经充分连接内河与外海的航运。

　　北部湾海域贸易繁荣兴盛的一个典型的代表例子是，在宋代时，国家在边境地带设立贸易场所，当时在钦州就设立了钦

古运河的变迁

钦州博易场古码头（引自何守强《广西唐代运河与北部湾海上丝绸之路》）

州博易场。该贸易场面向交趾，辐射周边内陆地区，参与贸易的商人涉及越南及我国钦、蜀等地。在沿海口附近设置博易场等场所，可以说明沿海贸易的兴盛。来往贸易的货物包括日常生活必需品，如米、布、纸、笔等，还有东南亚地区特产，如各种香料、象齿、犀牛角等，种类各异。周去非在《岭外代答》中记载钦州博易场的位置在"城外江东驿"，根据现在方位来看，应是在距离钦江入海口不远的钦州市区或者邻近地区。

从潭蓬运河中出土的陶瓷器中有一部分是越南的青花瓷、酱釉瓷，另有部分越南陶钵、陶罐出土，很明显，这些瓷器是为了供应当时的外销贸易而生产出来的，这间接证明了唐代及

越南青瓷碗残片（引自何守强《潭蓬运河研究》）

以后此地内外双向航线的存在。而何守强的研究则表明，这条运河在唐代中晚期除了服务军需运输，亦有民用、商贸用途。

北部湾海域贸易繁荣兴盛的另外一个具有明显代表性的例子就是洲尾贸易场的出现，其位于防城港市企沙半岛西部一个伸向海洋的子半岛。2011年，出土文物征集工作人员在沙港村中心组骆姓村民家中所收藏的出土文物征集工作中，征集到8千克铜钱。这些铜钱包括了宋元通宝、太平通宝、宣和通宝等，证明了该地区进行过多个时期的贸易。2016—2019年，防城港市博物馆对洲尾贸易场进行了多次考古调查，采集了数以万计的陶瓷标本，并在其遗址处发现有杜洞、道路、码头等建筑遗迹，表明该地曾建有官署建筑。通过分析陶瓷标本，可以明确这些陶瓷来源于浙江、福建、江西等地区，这说明洲尾贸易场是货物的汇集地。洲尾贸易场是海上丝绸之路北部湾段的重要见证和珍贵遗存之地。同时，这些文物呼应了传世文献中对北部湾贸易港口的记载，以实物证据对其存在给予更好的支撑。北部湾三条运河的开凿，带来了运输线路的畅通。因此，一个以洲尾贸易场为中心、从内陆向沿海拓展的东线海路，与自东南亚地区向南的西线海路，在洲尾贸易场实现汇合，最终形成洲尾贸易场的繁荣景象。此外，上文提到的在怪石滩发现的遗存，也是北部湾海域贸易繁荣与兴盛的有力证明。

自古以来，北部湾便是广西拥抱海洋的重要通道，见证了无数次的启航与归港。沧海桑田之中，北部湾涛声依旧，三大运河遗迹留存，诉说着往昔这片海域的故事。北部湾蜿蜒绵亘的海岸线，串起了西坑、皇帝沟、潭蓬三大古运河，如沧海遗

宋元通宝

太平通宝

政和通宝

宣和通宝

自沙港村征集来的部分通宝样式（引自何守强《洲尾贸易场：汉代以后北部湾海上丝绸之路变迁与延续的历史见证》）

陶钵

瓷碟

瓷碗

瓷洗

洲尾贸易场采集的部分陶瓷标本（引自何守强《洲尾贸易场：汉代以后北部湾海上丝绸之路变迁与延续的历史见证》）

珠般串起了广西与海洋的深厚情缘。广西因运河而融合，也因运河通江达海，更因运河百年圆梦。如今世纪工程平陆运河已经由蓝图走向现实，广西的"黄金水道"再次焕发出新的生机。

平陆运河钦江出海口航拍图

古运河的变迁

平陆运河是西部陆海新通道骨干工程，始于南宁横州市西津库区平塘江口，经钦州市灵山县陆屋镇沿钦江进入北部湾，全长130多千米。平陆运河是一项具有深远意义的战略工程。它巧

妙地将共建"一带一路"融入其中，为构建新发展格局提供了强有力的支撑。作为完善国家高等级航道布局的重要组成部分，平陆运河是构建国家综合立体交通网不可或缺的基础工程。在新时代背景下，它更是推进西部大开发、促进区域协调发展的关键驱动力。此外，平陆运河致力实现水资源的综合利用，推动可持续发展，是一项集绿色与智慧于一体的创新工程。这条运河不仅是连接内陆与海洋的纽带，也是广西走向更广阔未来的桥梁。

从古运河的安全线和贸易线到现代江海联运水利交通大动脉平陆运河，广西的发展历程犹如一部波澜壮阔的史诗长卷，其间充满了无数挑战与机遇。也正是因为拥有了古运河的历史底蕴与现代运河的蓬勃活力，广西才能准备充分，迈向一个充满希望与挑战的未来。

后记

　　水网密布是广西的一大特征，也是广西运河发达的天然优势。灵渠的开凿成功开启了广西新的历史篇章，桂柳运河打开了广西西南方向的通道，而整个北部湾运河通江达海，成为广西面向海洋的出口。本书向读者展示了广西古运河的价值与作用，让更多的读者了解广西的历史与文化。

　　探寻古老运河的奥秘，不只是停留在书本中，更多的是实地探查周围的环境，在枯燥乏味的学习中寻找田野的乐趣。从小在父亲的自行车后座听着灵渠的故事长大，是他将我引入灵渠研究的大门，从最初的耳濡目染和言传身教，到一次又一次现场讲解灵渠各个陡门和堤坝，让我更了解灵渠各个部分的结构，还会为我所写文章把关，指出其中的不足。从事灵渠研究已经迈入第十年，从儿时的懵懵懂懂，到现在用专业知识研究灵渠的历史，灵渠已经成为我学术立足的坚实依靠。或许，这也是灵渠流淌千年的另一种传承。跟随着灵渠，广西的桂柳运河、北部湾的三条运河也将我吸引，让我对其进行了解和研究，并通过本书为各位读者呈现出部分成果。

当然，本书的诞生首先要感谢的是广西科学技术出版社的信任与支持。在创作过程中我还得到了不少专家学者和同行的关心和支持。多亏广西文物保护与考古研究所王星副研究员的鼓励与支持，我才有了本书写作的信心，也在与其多次探讨中加深了对广西运河研究的认识。感谢广西文物保护与考古研究所林强所长对本书的特别关心，以及李珍研究员的支持和提供相关图片。尤其感谢桂林市临桂区文物保护管理所蒋桂英所长与防城港市博物馆何守强馆长，他们除了提供相关资料，还在百忙之中抽空带我跋山涉水，近距离观察古运河，实地感受不同运河的别样风情。在创作时，我还从部分媒体的文章中汲取灵感，并采纳融合了部分内容，在此一并表示感谢！感谢朋友们在我抓耳挠腮、艰难思索时送来的及时慰藉，让我得以在思考之余享受生活的乐趣。

希望这本书能够开启时光通道，带领读者穿越时空，去探索那些古老运河的传说，去感受那些被岁月雕琢的智慧。希望它能成为大家了解广西的一个窗口，让大家对这片土地有更深的认识。由于水平有限，仓促成书，书中难免有错漏和疏忽，恳请同行、读者批评指正！

左菲悦

2024 年 10 月

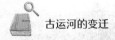